Das Kind in mir

Arnold
Mettnitzer

Das Kind in mir

Perspektiven eines geglückten Lebens

Mit Bildern und Zeichnungen von Guido Katol

styria premium

ISBN 978-3-222-13465-4

styria BOOKS

Bücher aus der Verlagsgruppe Styria
gibt es in jeder Buchhandlung und
im Online-Shop
styriabooks.at

LEKTORAT: Elisabeth Wagner
UMSCHLAGGESTALTUNG: Bruno Wegscheider
COVERFOTO: Michael Dragaschnig
BUCHGESTALTUNG: Maria Schuster

DRUCK UND BINDUNG:
Druckerei Theiss GmbH
St. Stefan im Lavanttal
7 6 5 4 3 2 1
Printed in Austria

Inhalt

„Im Vergangensein ist nichts unwiederbringlich verloren, vielmehr alles unverlierbar geborgen.“
Viktor E. Frankl

Vorwort

„Sehen Sie sich doch den Menschen in den Augenblicken tiefsten Leidens, tiefster Freude an: Das Gesicht wird kindlich, die Bewegungen werden es, die Stimme bekommt die Biegsamkeit wieder, das Herz klopft wie in der Kindheit, die Augen glänzen oder trüben sich. Gewiss, wir suchen das alles zu verstecken, aber es ist doch deutlich da, und wir bemerken es, nur nicht ohne Weiteres, weil wir die kleinen Zeichen, die so laut reden, an uns selbst nicht wahrnehmen wollen und sie deshalb auch bei anderen übersehen."[1]

Im Jahr 1923 versucht der Arzt Georg Groddeck anhand von Briefen an eine „liebe Freundin" das Unbewusste zu erklären. Dabei ist er mehr geborener Schriftsteller, Heiler und Weiser als Arzt, wie Lawrence Durell im Vorwort[2] zur vierten Auflage anmerkt.

Groddeck ist Arzt in einer damals berühmten Klinik in Baden-Baden, wo er nicht Neurosen, sondern Krebs und Schwindsucht behandelt. Seine Hauptwaffen dabei sind Diät, Massage und psychologische Erforschung nach den Freud'schen Methoden. Groddeck liebt und verehrt Sigmund Freud als seinen Meister und verdankt ihm alles an Einsichten rund um das sogenannte „Unbewusste". Sein Blick darauf ist vom Gedanken geleitet, dass die Krankheiten des Menschen eine Art symbolische Abbildung seiner seelischen Veranlagung sind. Groddeck weigert sich, die Trennung von Seele und Körper in zwei in sich abgeschlossene Teile zu akzeptieren, und ist überzeugt davon, dass

unsere geistigen und körperlichen Krankheiten auf ein und dieselbe Weise zustande kommen und damit zusammenhängen, dass wir auf das „innere Kind“ vergessen, das in jedem Menschen ein Leben lang lebendig bleiben und dieses Leben mitgestalten will.
Wenn das aber so ist, dann sind – was heute kein Mensch mehr bezweifelt – die ersten Jahre unseres Lebens die entscheidendsten und grundlegendsten. Dann aber muss es doch merkwürdig erscheinen, dass wir gerade von diesen ersten Lebensjahren, in denen wir das Leben schrittweise erlernt haben, nichts mehr wissen. Hie und da mag eine vage Erinnerung auftauchen, uns ein Gesicht, eine Tür, ein Bild oder sonst irgendetwas ins Bewusstsein kommen, das wir in unserer frühesten Kindheit gesehen haben wollen. Aber es wird schwer sein, jemanden zu finden, der sich an seinen ersten Schritt erinnern kann oder an die Art, wie er Sprechen, Essen, Sehen, Hören gelernt hat. Und das alles sind doch Erlebnisse, die so fest in uns eingebrannt sind, dass wir sie nicht nur nicht vergessen haben, sondern daraus unser tägliches Leben gestalten. Groddeck schreibt:

> *„Ich könnte mir vorstellen, dass ein Kind, wenn es zum ersten Mal durch die Zimmer rutscht, tiefere Eindrücke bekommt als ein Erwachsener durch eine Reise nach Italien. Ich könnte mir vorstellen, dass ein Kind, das zum ersten Mal erkennt, der Mensch dort mit dem gütigen Lächeln ist die Mutter, tiefer davon ergriffen wird als ein Mann, der seine Geliebte heimführt (…).*
> *Wir vergessen jene drei ersten Jahre nicht, die Erinnerung daran scheidet nur aus unserem Bewusstsein aus, im Unbewussten lebt sie fort, bleibt sie so lebendig, dass alles, was wir tun, aus diesem unbewussten Erinnerungsschatz gespeist wird (…).“*[3]

Groddeck vermutet, dass wir auch als Erwachsene aus diesem „Kind sein" nie ganz herauskommen. Genau betrachtet ist es mit dem Erwachsensein so, dass wir es nur selten sind und dann auch nur auf der Oberfläche: Meistens spielen wir es, so wie das Kind auch „groß sein" spielt. Sobald wir aus der Tiefe unseres Herzens leben, sobald das Unbewusste die Regie übernimmt, sind wir Kind. Für dieses Unbewusste, für das „Es", gibt es kein Alter, und dieses „Es" ist unser eigentliches Leben.

All das hat mich bewegt, das Kind in mir im Blick zurück und im Blick voraus zurate zu ziehen, im Blick auf sein inneres Feuer der Frage nachzugehen, welche Schwerpunkte im Leben als inneres Potenzial noch darauf warten, verwirklicht und gelebt zu werden. Wenn es stimmt, dass dieses Kind immer in mir ist und darüber entscheidet, ob mein Leben gelingt oder als zu sehr nur erwachsenes Leben verkümmert und vertrocknet, dann ist es an der Zeit, mit diesem Kind in mir Zwiesprache zu halten und Perspektiven in den Blick zu nehmen, die gelebt werden wollen, damit das Leben vom Ende her betrachtet als ein erfülltes und geglücktes bezeichnet werden kann. Auf der Bühne des Lebendigen gibt es kein geglücktes und erfülltes Leben ohne dieses Kind, das jeder Mensch einmal war und im Grunde seines Herzens bis zum Ende seines Lebens bleiben wird.

Das alles beschäftigt mich zu einer Zeit, in der ich mit meinen Plänen und Wünschen, die Welt zu verändern, gelegentlich alles auf den Kopf zu stellen und das Rad neu zu erfinden, in die Jahre gekommen bin und feststellen muss, wie wenig ein Mensch bewegen kann. Nicht ich bewege die Welt, vielmehr bewegt sie mich, zum Beispiel beim Besuch meines Patenkindes Samuel, dem ich ein Auto mitbringe.

Vom Geschenk fasziniert sagt mir der Dreijährige: „Onkel Arnold, wenn du einmal so klein bist wie ich, dann schenk ich dir auch ein Auto!“
Kinder stellen mit ihren Worten und Taten die Welt auf den Kopf. Sie lehren mich, die Welt immer wieder auch mit anderen Augen zu betrachten und andere Gedanken zu denken, erst recht jetzt in meinem sechzigsten Lebensjahr, in dem mir deutlicher als je zuvor bewusst wird, dass der größte Teil meines Lebens bereits hinter mir liegt. Deutlich wie nie steht mir vor Augen, wie viel Ungeahntes und Unverhofftes sich bisher in meinem Leben ereignet hat, wie viele Wege, krumme und gerade, ich schon gegangen und wie vielen Menschen ich auf diesen Wegen bisher begegnet bin! Wie viele Begegnungen und Entgegnungen! Wie viel Vertrauen! Wie viele Enttäuschungen! Wie viel Ende von Täuschung! Wie viel neue Klarheit! Aber auch: Wie viele unerfüllte Wünsche! Wie viele Versprechen, die ich nicht gehalten und wie viele Briefe, die ich nie beantwortet habe!

Unzählige Stunden meines Lebens verbringe ich immer noch damit, anderen Menschen zuzuhören. Und ich weiß, wie sehr mein Leben privat und beruflich vom Vertrauen getragen wird. Den Kanzelreden meines Quellberufes vergleichbar denke ich in Vorträgen und Seminaren über Lebensqualität und seelische Gesundheit nach, und in stillen Stunden persönlicher Bilanz erscheinen mir diese Überlegungen in ihrer Bandbreite zunächst bunt und vielfältig. Beim Versuch aber, das alles in einem Buch zusammenzutragen, muss ich erkennen und mir eingestehen, dass ich die Themen, die mir am Herzen liegen und zu denen ich glaube, etwas zu sagen zu haben, mit einer Hand zu zählen vermag. Im Blick auf mein eigenes Leben und das meiner Mitmenschen bewegt mich im Grunde „nur“ und immer wieder die Frage, wie das

Leben gelingen könnte, vor allem dann, wenn Offenheit, Interesse und Lebenslust schwinden und nichts mehr so ist, wie es einmal war.

Antworten in sich finden

Auf der Suche nach Antwort und Orientierung reichen mein Rat und meine Hilfe über das Gutgemeinte oft nicht hinaus. Und ich verstehe jetzt besser als früher die biblisch-therapeutische Weisheit, im Blick auf das Schicksal anderer Menschen sich des Ratens und Beurteilens zu entschlagen und mit akribischer Aufmerksamkeit ums Verstehen bemüht zu bleiben. Aus den unzähligen Aufzeichnungen der letzten zehn Jahre versuche ich diejenigen herauszufiltern, die ich für wesentlich halte und von denen ich glaube, dass sie mir etwas vom festen Boden unter meinen Füßen als Orientierungshilfe fürs Leben und Arbeiten verraten könnten. Aber so einfach, wie ich mir das vorstelle, will mir das nicht gelingen. Denn alle diese Gedanken und Überlegungen stehen nicht für sich allein, sondern lassen sich nur im Kontext von Erlebtem, Gelesenem, Erzähltem, mir Anvertrautem verstehen. Was davon kann/will/darf ich erzählen? Was muss ich für mich behalten, nicht in erster Linie aus professioneller Verschwiegenheit, sondern aus der eigenartigen Erfahrung, einmal mehr zu wissen, als ich sagen kann, und dann dieses Wissen in einem anderen Kontext als zu gering erkennen zu müssen …
Und so führen meine Gedanken und Überlegungen ein Eigenleben, in dem sich mir mehr zu verbergen als zu erschließen scheint. Wenn ich es in diesem gedanklichen Versteck- und Fangenspiel trotzdem unternehme, Perspektiven eines geglückten Lebens zu skizzieren, dann tue ich es auch in der Absicht, das, was mich bewegt, durch das „Wiedernieder-

schreiben“ noch besser auch für mich selbst verinnerlichen zu können. Ich schreibe nicht, um ein Wort von Karl-Markus Gauß zu verwenden, „weil ich etwas weiß, sondern weil ich etwas wissen möchte, das sich nur dem Schreibenden zeigt“. Meine Absicht besteht nicht in Belehrung, sondern in Ermutigung – auch mir selbst gegenüber. Wenn im Leben nichts mehr zu gehen scheint, dann hilft vielleicht ein anderer Blickwinkel, ein so bisher noch nicht erwogener Gedanke, ein Gedicht, die spielerische Wahrheit eines Märchens, die tiefgründige Weisheit der Bibel oder der Gedanke eines klugen Menschen. Es ist mir bewusst, dass Erfahrungen nicht vererbt werden können, gleichzeitig weiß ich aber von der heilenden Kraft guter Gedanken, wenn sie nicht belehrend von oben, sondern im richtigen Moment und im Grundton der Wertschätzung neue Perspektiven eröffnen. Wir kommen dorthin, wohin wir schauen. Und nach und nach werden wir in das hinein verwandelt, was wir denken und wohin unser Blick gerichtet ist. Wenn ich Glück habe, dann trägt mich die Kraft solcher Gedanken und Gefühle nicht nur zu den Sätzen, Geschichten und Märchen, die mir an entscheidenden Stellen meines Lebens erzählt wurden, sondern auch hin bis zum Kind, das ich selbst einmal war, zu den Träumen und Wünschen, zum Zauber des Anfangs, zur kindlichen Lust und Neugier, mit innerem Feuer die Welt zu gestalten und in ihr mit kindlicher Unbefangenheit unverwechselbar ein Zeichen zu hinterlassen.

Wie die Zeit vergeht

IN EINER UHRENMANUFAKTUR in München kaufe ich mir etwa 200 Einzelteile einer Pendeluhr und baue mir mit der akribischen Genauigkeit eines begeisterten Dilettanten in zwölf Stunden Arbeitszeit mein eigenes Kapitel persönlicher Zeitgeschichte. Schon lange nicht mehr hat mich eine Beschäftigung so fasziniert und in ihren Bann gezogen. Schon lange nicht mehr habe ich etwas mit solcher Liebe und Begeisterung zu Ende gebracht. Seither wird für mich in meiner Wohnung die Zeit, der Herzfrequenz ähnlich, mit 72 Schlägen pro Minute hörbar gemessen. Der Pendelschlag mutet wie ein Taktstock an, der ab jetzt den verschiedenen Phasen im Alltag einen neuen, symphonischen Rhythmus abzuverlangen scheint.

Die so gemessene Zeit lässt mich gespannt sein auf das, was kommt, und gleichzeitig zurückblicken, so als wäre gerade jetzt eine Wegmarke erreicht, die mich ahnen lässt, wie vielen Weggefährten ich Erfahrungen verdanke, deren innere Qualität ich nur ansatzweise zu ermessen vermag. Dabei muss ich an jene denken, die ich vor den Kopf gestoßen und enttäuscht haben mag, deren Weltbild ich, wenn schon nicht erschüttern, so doch infrage stellen konnte, mit denen ich in Wortgefechten die Argumente kreuzte und mich wie sie auch unter Berufung auf biblische Quellen im Recht fühlte.

Aber auch an die muss ich denken, denen ich, ohne es mir erklären zu können, vertraut werden durfte und die mir für neue Kraft in schweren Stunden dankbar sind. Ich sehe vor mir die vollen Säle und die vielen Gesichter, in die zu schauen mir immer Einladung ist, laut zu denken, mich selbst mitzuteilen, mit anderen zu teilen, was mich bewegt und nicht nur „etwas“ zu sagen, sondern Zwiesprache zu halten und das Gefühl zu vermitteln, dass es nichts Kostbareres unter Menschen gibt, als Menschen zu treffen, die sich dem Menschen als Menschen erweisen. Darum fällt es mir auch so schwer, ein Buch zu schreiben, weil mir das unmittelbare Erlebnis der Zwiesprache fehlt, die offenen und fragenden Augen oder auch die skeptischen Blicke meiner Zuhörer.

Wenn ich jetzt all diese Vorträge und Reden zur Hand nehme, mein bisheriges Leben überdenke und daraus Bilanz zu ziehen versuche, überkommt mich neben dem Gefühl von Dankbarkeit und Stolz eine so noch nicht oft erlebte Bescheidenheit. Mit einem Mal sehe ich in einer ganz neuen Qualität, in welch bescheidenen Portionen mir das Leben gelegentlich Einsicht und Erkenntnis schenkt. Und weil ich jetzt besser zu wissen scheine als je zuvor, „dass Worte schön sind, aber Hühner Eier legen“, wie die Afrikaner sagen, weiß ich, dass es schön langsam an der Zeit ist, die vielen gesagten Worte auf das hin zu überprüfen, was bisher im Leben getan und nicht nur gesagt wurde, ob dem Klang der gesuchten und gemachten Worte auch die Entschiedenheit des Handelns anzuhören ist.
Oft spreche ich, nicht nur motiviert aus dem Faible für mechanische Uhren, über die Zeit, von der Augustinus meint, dass er so lange wüsste, was sie ist, solange er nicht danach gefragt würde. Gefragt nach der Zeit fühle er sich unfähig, sie zu erklären.
Die Zeit ist das sonderbare Ding, das am Anfang des Lebens rein gar nichts zu sein scheint und am Ende so schwer wiegt wie sonst nichts, meinte Hugo von Hofmannsthal sinngemäß. Sie ist die eigentliche Herausforderung, nicht nur für das Denken des Menschen, sondern auch dafür, die mir gegebene Zeit als erfüllte Zeit zu gestalten.

Einen meiner Vorträge darüber halte ich in Klagenfurt, wo Peter Heintel 1990 einen „Verein zur Verzögerung der Zeit" gründet. Die Mitglieder verpflichten sich „zum Innehalten, zur Aufforderung zum Nachdenken dort, wo blinder Aktivismus und partikulares Interesse Scheinlösungen produziert", wie es in den Vereinsstatuten heißt.
Bei den Gedanken über die Zeit geht es mir nicht anders als sonst bei meinen Vorträgen: Es fallen mir Sätze ein, die ich anderen verdanke. Diese Sätze zu wiederholen macht mir ein Doppeltes bewusst: Einmal ist es die große Verlockung, Zuhörern in Form eines Zitates einen Gedanken zu servieren, um den sich im Weiterdenken neue Gedanken sammeln. Dann aber kann der Satz eines anderen auch Ersatz für Persönliches werden und, in zu großer Euphorie präsentiert, den Mangel des eigenen Denkens kaschieren. In all meinen Vorträgen habe ich immer wieder beides erlebt, mich über das eine gefreut und beim anderen gehofft, in der „Trägheit" meines Denkens nicht durchschaut zu werden.

Was also ist es mit der Zeit? Was immer andere darüber gedacht haben mögen, es wird mir nicht erspart bleiben, mir die Zeit als meine Zeit zu vergegenwärtigen und mir darüber Gewissheit zu verschaffen, in welcher Zeit ich lebe. Vielleicht rührt daher meine Begeisterung für die Zeit, die ich messen kann, weil mir dabei unermesslich bleibt, was die Zeit für mich bereithält. Nur den allergeringsten Teil meiner Zeit kann ich nützen und als erfüllte Zeit erleben. Wo mir das aber gelingt, scheint die Zeit stehen zu bleiben beziehungsweise so schnell zu vergehen, dass das Messen und Festhalten-Wollen als Torheit gelten muss.

Und was nützt es mir dann, alles zu wissen über das Pendel – das bis heute genaueste mechanische Schwingungssystem –, das die Zeit in genau definierte Abschnitte unterteilt? Und ich lerne wieder, wie damals in der Schule, dass die Schwingungsdauer durch seine Länge und die uns alltäglich umgebende Schwerkraft bestimmt ist und dass durch diese Entdeckung der exakten Zeitmessung durch Galileo Galilei im Jahre 1585 der Durchbruch gelungen war.
Diesen Beobachtungen zufolge schwingt ein Pendel unabhängig von seiner Schwingungsweite zeitgleich, oder – wie die Fachleute sagen – „isochron“, teilt also die Zeit in gleiche Tortenstücke auf wie daheim die Mutter die Nachspeise, damit sich keines ihrer sechs Kinder benachteiligt fühlt. Im Unterschied zur Nachspeise kommt das Zeitbuffet allerdings weit weniger spektakulär daher. In isochronen Schritten vor Augen geführt ist das Angebot, sich die Zeit zu nehmen und die Gunst der Stunde zu ergreifen, weit weniger verlockend als die zarten Genüsse zum Abschluss einer Mahlzeit.

Wenn Hans-Curt Flemming vorschlägt, auf seinem Grabstein solle stehen, dass er nur die Zeit gelebt, die er sich genommen hat[4], dann könnte das Messen der Zeit ja auch in der Achtsamkeit ihren Grund haben, die Zeit zu verkosten, sie nicht zu verschwenden, die Unlust zu meiden und den Tag zu nutzen, wie das schon Epikur seinen Schülern vorschlägt. Dabei geht es ihm nicht in erster Linie um das Maximieren von Lust, sondern darum, die Unlust zu vermeiden und auch in schwierigen Zeiten, von denen wir umgangssprachlich meinen, dass sie „nicht lustig“ wären, das Gute und Lustvolle nicht zu übersehen. Martin Walser warnt seine Zeitgenossen in einem seiner Romane vor einer Zeit, die nur aus Warten besteht, und äußert den Verdacht, dass viele im Warten darauf, dass sie einmal leben werden, ihre Zeit verbringen und nachher, wenn dann alles vorbei ist, sich fragen müssen, wer sie denn gewesen sind, solange sie gewartet haben.[5]

Kein Pendelschlag ist dann in der Lage, Versäumtes nachzuholen, und schon gar nicht vermag er zu ermessen, wann wem die Gunst der Stunde schlägt. Darum stellt man sich in der griechischen Antike den Gott des rechten Augenblicks als Jüngling vor, der vorne eine Locke und hinten eine Glatze trägt. Wer ihn im Augenblick der Begegnung von vorne packt, greift ins Volle, doch schon einen Augenblick später – von hinten nach ihm gegriffen – geht der Griff ins Leere. Von all dem bleibt der Pendelschlag unbeeindruckt. Was kümmert es ihn, wie spät es ist, und was die Uhr, welche Stunde sie schlägt? Ein Uhrwerk hat keine Ahnung von erfüllter Zeit.
Die Zeit, in der ich lebe, messe ich mehr, als ich sie zu nutzen verstehe. Das fasziniert und irritiert mich. Es gibt kein Messgerät in unserer Kultur, das eine größere Rolle spielt als die Uhr. Ungezählte Male blicken wir täglich auf sie, und nach ihren Vorgaben regeln wir unseren Tagesablauf, die Zusammenkünfte und Mahlzeiten, alles in einem Rhythmus, mit dem ein jeder immer mitmuss. Nicht mehr ich habe die Zeit, die Zeit hat mich und meinen Computer und alle Gerätschaften, die mich umgeben. Was aber weiß ich durch die von mir auf die Sekunde genau gemessene Zeit?

Leben auf der Überholspur

Bis zur Mitte des 18. Jahrhunderts messen Uhren die Stunden mit einem Zeiger. Dann erst bekommt der Zeiger seinen kleinen Bruder, um damit den Lauf einer Stunde „auf die Minute genau" zu messen. Wettkämpfe mit dem Sekundenzeiger zu entscheiden genügt schon lange nicht mehr, mittlerweile erfordern sie ein Zeitmaß auf Hundertstel- und Tausendstelsekunden genau. Im Würgegriff der Genauigkeit messen wir die Zeit mittlerweile in Millisekunden und Nanosekunden, um die Exaktheit von Computerverbindungen und Navigationssystemen zu „verstehen" und uns deren unbegrenzte Möglichkeiten zunutze zu machen. Immer schneller dreht sich das Karussell, das uns, wenn wir uns nicht aus eigener Kraft daran festhalten können, unbarmherzig zentrifugal von sich schleudert.

Als knapp Siebzehnjähriger erlebe ich im Fernsehen am 21. Juli 1969 die erste Mondlandung mit. Seither ist die Beschleunigung das unüberbietbare Kennzeichen unserer Zeit. Innerhalb weniger Jahrzehnte steigert sich die Fortbewegung vom gemächlichen Tempo einer Pferdekutsche bis zur Geschwindigkeit einer Rakete, die ins Weltall vordringt. Die Frist einer durchschnittlichen Briefzustellung verringert sich von mehreren Wochen auf Tage und mit der E-Mail zuletzt auf Sekunden. Ob ich eine elektronische Nachricht ins Nachbarhaus oder in einen entfernten Kontinent schicke, macht nur mehr einen zeitlichen Unterschied von Sekundenbruchteilen aus. Auf die Genauigkeit meines Navigationssystems kann ich mich deshalb verlassen, weil in Femtosekunden (10^{-15} Sekunden) über einen Satelliten die Wege, die ich zu fahren gedenke, vorausberechnet werden.

Im Zeitalter solcher Beschleunigung wächst die Unfähigkeit, auf andere zu- und mit ihnen umzugehen. Beim ersten „Weltkongress für Psychotherapie" in Wien, noch kurz vor der Jahrtausendwende (1999), höre ich, wie Sophie Freud, die Enkelin Sigmund Freuds, unter dem Applaus von 3800 Psychotherapeuten beklagt, dass wir keine Zeit mehr für andere finden und in der Folge das Zuhören und miteinander Reden honorarpflichtig wird. Die Fähigkeit zu lieben, geduldig zu prüfen und sich hinzugeben wird zur Rarität, dafür aber gibt es im „Guinness Buch der Rekorde" Dauerleistungen im Klavierspielen, Boogie-Woogie-Tanzen und Unterwasserküssen zu bestaunen.

Darüber hinaus machen die zur Erleichterung und Entlastung gedachten mechanischen und elektronischen Errungenschaften das Leben nicht ruhiger und bequemer, sondern hektischer und stresserfüllter. Maschinell arbeitsentlastet lehne ich mich nicht zurück, um die dazugewonnene Ruhe zu genießen, sondern beuge mich nach vor, um mit der steigenden Geschwindigkeit der Maschinen und Apparate noch Schritt halten zu können. Nicht ich bestimme das Tempo der Maschine, sondern die Maschine bestimmt mich, hält mich auf Trab und nimmt mir den Atem. So werde ich als „Kind meiner Zeit" zum Getriebenen, der überall dort, wo er ist, im Grunde nicht ist. Gerhard Schöne besingt diese Zeitkrankheit in einem seiner Lieder mit dem hintergründigen Titel „Ganz einfach"[6]:

„Ein Mann fährt zu 'nem Blitzbesuch
zu seinem Vater auf das Dorf.
Der Vater füttert grade Katzen.
Der Mann sagt: ‚Tag! Ich bleib' nicht lang,
hab eigentlich gar keine Zeit.
Ich weiß nicht mehr, wo mir der Kopf steht!
Ich hetz mich ab und schaffe nichts.
Ich bin nur noch ein Nervenwrack.
Woher nimmst du nur deine Ruhe?'
Der Alte kratzt sein linkes Ohr
und sagt: ‚Mein Lieber, hör gut hin,
ich mach es so, es ist ganz einfach:

Wenn ich schlafe, schlafe ich.
Wenn ich aufsteh', steh' ich auf.
Wenn ich gehe, gehe ich.
Wenn ich esse, ess' ich.

Wenn ich schaffe, schaffe ich.
Wenn ich plane, plane ich.
Wenn ich spreche, spreche ich.
Wenn ich höre, hör' ich.'

Der Mann sagt: ‚Was soll dieser Quatsch?
Das alles mache ich auch,
und trotzdem finde ich keine Ruhe.'
Der Alte kratzt sich sein linkes Ohr
und sagt: ‚Mein Lieber, hör gut hin,
du machst es alles etwas anders:

Wenn du schläfst, stehst du schon auf.
Wenn du aufstehst, gehst du schon.
Wenn du gehst, dann isst du schon.
Wenn du isst, dann schaffst du.

Wenn du schaffst, dann planst du schon.
Wenn du planst, dann sprichst du schon.
Wenn du sprichst, dann hörst du schon.
Wenn du hörst, dann schläfst du.

Wenn ich schlafe, schlafe ich.
Wenn ich aufsteh', steh ich auf.
Wenn ich gehe, gehe ich.
Wenn ich esse, ess' ich.

Wenn ich schaffe, schaffe ich.
Wenn ich plane, plane ich.
Wenn ich spreche, spreche ich.
Wenn ich höre, hör' ich.'"

Zeit für sich selbst

Schon ein Schulkind kommt ohne Uhr nicht mehr zurecht und hat in der Regel einen Terminkalender wie ein Generaldirektor, einerseits, weil Lehrplan und Schulveranstaltungen immer vielschichtiger werden, andererseits, weil das Familienleben schon lange nicht mehr eine Inselfunktion hat, sondern Rücksichtnahme auf die Termine aller Familienglieder erfordert. So suchen und finden Menschen „im Stundentakt" Zeit füreinander und nicht selten geraten Ehepartner – ob in bestehender Familie oder nach vollzogener Trennung – gerade darüber in Streit, wer wann die Kinder nimmt und seine Zeit mit ihnen verbringt.

Für den vorherrschenden Persönlichkeitstyp dieser unserer Zeit zählen hauptsächlich Leistung und Wirtschaftserfolg. Zwischenmenschliche Beziehungen bleiben oberflächlich, werden funktionalisiert oder aufgegeben, wie es den obersten, oft unausgesprochenen Zielen, dem beruflichen Fortkommen und dem wirtschaftlichen Vorteil, dient. Dabei bleibt dieser Typus von Mensch als Produkt seiner Zeit so sehr mit der eigenen Nabelschau beschäftigt, dass andere Menschen nur insofern eine Rolle spielen, als sie sich für seine Selbstdarstellung verwenden lassen.

Sein Leben wird zum Laufsteg, auf dem er im Wettbewerb mit anderen die Ergebnisse seiner Arbeit möglichst effizient präsentieren kann. Die trotz allem immer noch und immer wieder besungene Liebe wird zur Kunst, die immer weniger Menschen beherrschen, und das verständnisvolle Gespräch zur Kostbarkeit, die sie sich nicht mehr leisten zu können glauben. Sie bräuchten dazu die zwischen ihren Fingern zerronnene, verloren gegangene Zeit als „Lebensmittel der Lie-

be“, die zur Rarität gewordene Zeit, die sie nehmen, schenken, sich selbst und anderen lassen und geben.
Was sie bräuchten, wäre der Luxus, die Dinge, die sie im Moment gerade tun, mit Leib und Seele zu tun. Sie bräuchten dafür ausschließlich reservierte, nur ihnen allein gehörende, sinnvolle Zeit. Damit könnten sie anstelle des Strohfeuers eines rasanten Flirts und einer kurzen Liebschaft die Hingabe als nachhaltig neue Perspektive wiederentdecken. Das wissen die Menschen in der Tiefe ihres Herzens. Sie wissen, dass erst Hingabe ihre Sehnsucht stillt. Aber sie wissen nicht mehr, ob sie zu solcher Hingabe überhaupt noch fähig sind. Die Zeit, die sie brauchen, um eine Landschaft zu durchwandern, Musik zu genießen und sich einem Menschen hinzugeben, glauben sie sich tatsächlich nicht mehr gönnen zu können.

Das lässt mich an den Händler in Saint-Exupérys „Der kleine Prinz“ denken, der mit höchst wirksamen, durststillenden Pillen handelt, durch die man überhaupt kein Bedürfnis mehr verspürt, Wasser trinken zu müssen.
„Warum verkaufst du das?“, fragt ihn der kleine Prinz. „Das ist eine große Zeitersparnis“, antwortet der Händler. „Die Sachverständigen haben Berechnungen angestellt. Man erspart dreiundfünfzig Minuten in der Woche.“ – „Und was macht man mit diesen dreiundfünfzig Minuten?“ – „Man macht damit, was man will ...“ – „Wenn ich dreiundfünfzig Minuten übrig hätte“, sagt der kleine Prinz, „würde ich ganz gemächlich zu einem Brunnen laufen.“[7]
Diese kleine Episode im vielleicht schönsten Märchen des zwanzigsten Jahrhunderts macht deutlich, wie notwendig und heilsam es wäre, die Zeit auch für sich zu nutzen und auf die Bedürfnisse des eigenen Körpers zu achten. Vielleicht müssten wir dabei als Erstes lernen, uns selbst im Nichtstun zu ertragen. Weil das so schwer fällt, lernen viele Menschen

„nutzlose“ Unterbrechung nur dann kennen, wenn sie ihr Körper durch Krankheit dazu zwingt. Wenn sie eine Grippe niederwirft, starke Migräne es unmöglich macht, ihren Zeitplan einzuhalten, wissen sie mit einem Mal sehr genau, dass ihr Körper schlauer ist als sie. Nicht selten reagieren sie dann trotz der Schmerzen erleichtert und berichten, dass ihnen auf diese Weise eine Pause „geschenkt“ worden ist.

Das erinnert mich an die Geschichte von einem kleinen Vogel, der auf dem Rücken liegt und seine kleine Beine gegen den Himmel streckt. „Was machst du da?“, fragt ihn ein anderer Vogel. „Ich trage mit meinen Beinen den Himmel, wenn ich sie einziehe, fällt der Himmel über mir zusammen!“ Kaum hat er das gesagt, löst sich vom nahen Eichenbaum ein Blatt und schwebt raschelnd zu Boden. Darüber erschrickt das kleine Großmaul so sehr, dass es auf- und davonfliegt. Der Himmel aber steht heute noch an seinem Platz.
Etwas von diesem kleinen Großmaul steckt immer wieder auch in mir, vor allem dann, wenn ich mich in meinen Aufgaben und Pflichten heillos überschätze und zu wichtig nehme. Und ich weiß, dass ich damit nicht allein bin. Denn dort, wo ich lebe, ist es schwer bis unmöglich geworden, guten Gewissens faul zu sein.
„Müßiggang ist aller Laster Anfang!“ Dieses Sprichwort kenne ich schon aus der Schule. Später, im Lateinunterricht, habe ich gelernt, dass bei den Römern die Freizeit „otium“ heißt und die Arbeit „neg-otium“. Die Arbeitszeit wird also im Lateinischen durch Verneinung der eigentlichen Zeit, der Muße, gebildet. Es kommt ihr auch grammatikalisch ein geringerer Stellenwert zu, weil sie durch eine Ableitung gebildet ist. Die „eigentliche Zeit“ der römischen Kultur ist also das „otium“: die Muße, das Nichtstun.
Anders im Deutschen: Das Wort „Frei-zeit“ entsteht durch

Verneinung. Die eigentliche Zeit in unseren Breiten ist die Arbeitszeit und die „Frei-zeit“, also die von Arbeit freie Zeit, hat den geringeren Stellenwert. Infolgedessen geht es uns dann ja auch oft so, dass wir am Wochenende und im Urlaub kaum zu wirklich innerer Ruhe finden, weil wir die Hektik des Alltags in die Freizeit mitnehmen und den Motor unserer Geschäftigkeit auch dort nicht abstellen können.

Immer noch offen

IN MEINEM RÖMISCHEN STUDIENTAGEN bin ich oft am Portal eines ehemals stattlichen Palastes vorbeigekommen. Die markante Inschrift auf dem Querbalken des Eingangstores hat die in der Zwischenzeit verfallene Pracht der Renaissance überdauert und gibt dem aufmerksamen Besucher der Stadt auch heute noch ein Leitmotiv für ein geglücktes Leben mit auf den Weg: „Ne quid nimis" – „Von nichts allzu viel." In richtiger Dosierung zu wissen, was wir brauchen, und zu genießen, was wir haben, scheint nach wie vor die große Kunst zu sein. Denn allzu oft gesellt sich zum Wissen, was wir brauchen, das Schielen nach dem, was wir nicht haben. Die immer wieder lockenden sprichwörtlichen Kirschen in Nachbars Garten sind uns ebenso vertraut wie das neue Auto eines Kollegen, das unser eigenes plötzlich alt aussehen lässt. Wie genießt man richtig? Ist Genuss guten Gewissens überhaupt möglich? Oder haben etwa jene recht, die raten, von nichts allzu viel zu beanspruchen, um die Seele nicht mit Übermaß zum Überdruss zu bringen?

Das Rokoko stellte sich einen fixen Ort des Genusses vor, den „locus amoenus", zu dem ein Bächlein, eine Wiese, ein Baum, Vogelgezwitscher und der oder die Geliebte gehören.

Die zeitgenössische Variante eines amerikanischen Soziologen[8] holt das Bächlein, die Wiese, den Baum und das Vogelgezwitscher ins Wohnzimmer und denkt dabei an einen Mann, der auf dem Sofa sitzt, einen Joint raucht, Bier trinkt, Chips kaut, mit seiner Freundin knutscht und dabei fernsieht.

Warum Uhren lügen

In unserer Sehnsucht nach Erfüllung wissen wir, dass Genuss an den Augenblick gebunden bleibt und dass der Augenblick vergeht. Nach und nach wird uns der zunächst kaum merkbare Wandel von der Langsamkeit des Genusses zur Beschleunigung und zur Gleichzeitigkeit schmerzlich bewusst. Fausts Ruf „Verweile doch, du bist so schön!" nimmt im Zeitalter der Beschleunigung den Charakter eines Verzweiflungsschreis an, und das bizarrste Bild dafür finde ich im Bungee-Jumper, der in Sekundenkürze die Kulmination von Todesangst und höchster Lust erfährt. Ein schnellerer Genuss ist kaum vorstellbar. In ihm fallen Vorspiel und Vollzug, Erwartung und Erfüllung zusammen.

In diesem Zusammenhang wird mir noch deutlicher bewusst, dass die Uhren lügen. Bei aller Begeisterung für ihre Mechanik und Funktion weiß ich, dass die gemessene Zeit keine Auskunft über erfüllte Zeit und auch nicht darüber gibt, wie viel Zeit ungenützt vergeht und damit mir selbst und anderen vorenthalten wird. In einem Gedicht von Nikolaus Lenau, das Franz Werfel in einem Brief an seine Schwester ins Internat nach St. Pölten zitierte, heißt es:

„O Menschenherz, was ist dein Glück?
Ein rätselhaft geborener
und, kaum gegrüßt, verlorener,
unwiederholter Augenblick."

Ich erinnere mich gut daran, wie ich vor dreißig Jahren Ingeborg Bachmanns „Das dreißigste Jahr" gelesen habe, und ich glaube mich gut daran erinnern zu können, dass ich mich auch damals schon nicht mehr jung gefühlt habe. Aber heute, dreißig Jahre später, kommt mir vor, jünger zu sein als damals. Jedenfalls weiß ich jetzt mehr und vielleicht besser um die „rätselhaft geborenen und kaum gegrüßt verlorenen, unwiederholten Augenblicke", durch die mich die in ihrer Qualität nicht messbare Zeit gelehrt hat, ganz besonders auf Menschen zu achten, deren Nähe Raum schafft, Potenziale entfaltet und so Ermutigung und Wachstum bewirkt.

Was ich will, wenn ich mich hinsetze und ein Buch schreibe, ist, wie schon gesagt, weder Bekehrung noch Belehrung. Das Wort „Mission" ist mir schon in meinem Quellberuf eher suspekt gewesen. Was mich treibt und beschäftigt sind auf dem Hintergrund persönlicher Erfahrung präzise gestellte Fragen, auf die ich, wiewohl jeden Tag damit konfrontiert, keine letztgültigen und verlässlichen Antworten finde. So muss ich mir eingestehen, dass mein bisher gelaufenes Leben wenig Vorbildwirkung haben kann. Ich weiß um die Versprechen, die ich gegeben habe, und um die erfahrene Unmöglichkeit, sie alle zu halten. So bin ich misstrauisch geworden und frage mich, ob es Versprechen im Leben überhaupt geben sollte, und spüre, dass mir ein entschiedenes „Nein" auch nicht weiterhilft.
Natürlich müssen, sollen und werden auch weiterhin Versprechen gegeben und Verträge geschlossen. Aber das eigentliche Leben, von dem John Lennon sagt, dass es passiert, während man damit beschäftigt ist, andere Pläne zu schmieden, wird Versprechen und Verträge immer wieder auch zu hinterfragen und zu durchkreuzen wissen. Menschen in solchen Situationen zu begleiten, nicht so sehr sie darauf vorzubereiten, sondern mit ihnen in der Unausweichlichkeit faktischer Geschehnisse ein Stück des Weges mitzugehen, ist mir zur Sorge um die Menschen im besten Sinn des Wortes geworden. Die offenen Fragen meines eigenen Lebens werden

mir dabei nicht automatisch beantwortet, aber ich weiß mich dadurch in stiller Solidarität verbunden mit den Menschen, die mir ihr Vertrauen schenken. Meine so gewachsene, immer reichere Erfahrung ist mir kein billiger Trost, eher ein Paradies, aus dem ich mich von niemandem vertreiben lasse.

Dadurch ist ein Therapeut nicht unbedingt deshalb schon kompetent genug in der Begleitung von Menschen in seelischen Nöten. Seine Kompetenz wird durch jede neue Begegnung mit einem Menschen, der seine Hilfe sucht, infrage und auf die Probe gestellt. Gelingt solche Begegnung und wächst daraus Ermutigung und neue Zuversicht, erklärt sich das nicht in erster Linie aus seinem Können, sondern aus dem Abenteuer nach und nach wachsenden Vertrauens. Nur so können im Eingeständnis von Fehlern und bisher nicht beantworteten Fragen die persönlichen Schattenseiten des eigenen Lebens benannt, „umwandert" und aus verschiedenen Perspektiven betrachtet werden. Der „Kirchenvater" Hieronymus vermutet, dass der Teufel sich vor nichts so sehr fürchtet wie davor, dass ihm jemand ins Angesicht blickt. Nur was benannt wird, kann gebannt, was ausgesprochen wird, angegangen und bearbeitet werden. Wer wegschaut in der Hoffnung, von den Problemen nicht berührt und belästigt zu werden, weiß nichts von der Größe seines Problems und dessen Gefahr, aber auch nichts von den darin verborgenen Chancen und den in ihm schlummernden Möglichkeiten neuer Lebendigkeit. Wer Probleme unter den Teppich kehrt, schafft sie nicht aus der Welt, er sorgt lediglich dafür, dass sie unterm Teppich Eier legen und ungefragt zur Unzeit als Ungeheuer wieder zum Vorschein kommen. Das, was ist, wird zuallererst dadurch erfasst und gebändigt, dass es angeschaut und ins Wort gebracht wird. Das ist aller Bearbeitung erster Schritt.

Ein Plädoyer gegen die Abgeklärtheit

Mein therapeutisches Selbstverständnis möchte mit der Grundhaltung eines unerschütterlichen Siegers und unbekümmerten Ratgebers nichts zu tun haben. Solange ich das Gefühl haben kann, weiterhin Menschen Halt geben und Mut machen zu können, sind meine im Laufe der Jahre gemachten Erfahrungen schriftlich protokolliert für niemanden nützlich. Unverhofft oft darf ich spüren, wie wohltuend heilsam ein Gespräch sein kann. Oft aber erfahre ich auch hilflos meine Ohnmacht. In solchen Momenten greife ich gern wie zum Trost nach einem Buch in meiner Bibliothek. „Seid nicht so sicher" lautet zum Beispiel der Titel eines Werkes von Marie Luise Kaschnitz, einer einfühlsamen, weit gereisten und herzensgebildeten Autorin.
Der Inhalt des Buches, wiewohl mir schon seit über dreißig Jahren vertraut, wird mir erst jetzt weit weg vom heißblütigen, aber erfahrungsarmen Charme meiner Jugend voll innerer Kraft zur erfrischenden Aufforderung, die Unsicherheiten meines eigenen Lebens als Chancen zu sehen. Ein Plädoyer gegen die abgeklärte Klugheit derer, die alles wissen, aber nichts erfahren, die aus Angst vor Erfahrung gelernt haben, sich zu schützen und ihre Nichterfahrungen mit angelesenem Wissen zu kompensieren.

Und ich erschrecke bei der Frage, ob dieser Befund nicht in ganz besonderer Weise auch immer wieder auf mich selbst zutrifft. Ein in die Jahre gekommener und allmählich vom Charme seiner Jugend weit entfernter Mensch mag durch schmerzliche Erfahrungen hindurch reifer geworden und seinen Weg gegangen sein. Je älter er dabei aber wird, desto deutlicher wird er wissen, dass er im Blick voraus nichts wissen und sich deshalb auch „nicht so sicher" sein kann.

Ganz in diesem Sinn ist wohl auch das folgende mit „Interview“[9] überschrieben Gedicht im Buch zu verstehen:

„Wenn er kommt, der Besucher,
Der Neugierige und dich fragt,
Dann bekenne ihm, daß du keine Briefmarken sammelst,
Keine farbigen Aufnahmen machst,
Keine Kakteen züchtest.
Daß du kein Haus hast,
Keinen Fernsehapparat,
Keine Zimmerlinde.
Daß du nicht weißt,
Warum du dich hinsetzt und schreibst,
Unwillig, weil es dir kein Vergnügen macht.
Daß du den Sinn deines Lebens immer noch nicht
Herausgefunden hast, obwohl du schon alt bist.
Daß du geliebt hast, aber unzureichend,
Daß du gekämpft hast, aber mit zaghaften Armen.
Daß du an vielen Orten zu Hause warst,
Aber ein Heimatrecht hast an keinem.
Daß du dich nach dem Tode sehnst und ihn fürchtest.
Daß du kein Beispiel geben kannst als dieses:
Immer noch offen.“

„Immer ist Anfang“, heißt es in einer Gedichtzeile bei Franz Theodor Csokor. Jeden Tag bis zum letzten als einen immer neuen Anfang zu sehen und dabei „immer noch offen“ zu sein für Neues, erscheint mir ein äußerst kühner Gedanke, aber bei Weitem lohnender und daher lebendiger als die Vorstellung, die Karten meines Lebens wären seit jeher gemischt und von höherer Hand, gegen die ich mich nicht zu wehren vermag, auf den Tisch gelegt.

Dabei muss ich an den Streit der beiden Philosophen Parmenides und Heraklit denken. Der eine behauptet, dass es kein Entstehen und Vergehen gibt, sondern nur das ewig bestehende, unvergängliche, ungeteilte Sein. In dieser statischen Sicht ist nur lebendig und echt, was gleich bleibt und sich nie ändert. Der andere, Heraklit, wegen seiner Rätselsprache „der Dunkle“ genannt, beruft sich auf den Logos, der in der Seele jedes Menschen spricht und der die Zusammenfügung des Gegensätzlichen bewirkt. „Alles fließt“, sagt er, alles ist dem Fluss der Zeit unterworfen, alles ist ständiges Kommen und Gehen, nichts bleibt, alles vergeht und bleibt im Vergehen „immer noch offen“. Nur wer sich ändert, bleibt sich treu. Dieser dynamischen, ständigen Veränderung im Leben eines Menschen schenkt eine menschenorientierte und auf das konkrete Leben eines Menschen fokussierte therapeutische Begleitung ihre ganze Aufmerksamkeit. Kein Wunder, dass einige darin nicht nur Chancen, sondern auch Gefahren wittern. Liebevoll angeboten und behutsam vollzogen ist eine solche Begleitung aber nicht nur nicht gefährlich, sondern geradezu ein Grundlehrgang für offene Augen und engagierte Gelassenheit angesichts dessen, was möglich erscheint. „Schau her, auch das ist möglich! Wer hätte das gedacht!“ So oder so ähnlich reden dann Menschen, wenn sie im Blick auf geglückte Momente mit Unerwartetem, nicht für möglich Gehaltenem konfrontiert sind. Leben heißt deshalb immer auch, ungeahnten Möglichkeiten Raum zu geben, in geänderten Lebensbedingungen nicht nur Gefahren, sondern auch Chancen zu sehen. In diesem ewigen Hin und Her zwischen Chancen und Gefahren gibt es im Grund kein Angekommensein in der Welt, nie Stillstand, sondern immer nur Rast auf dem Weg.

„Sei, der du bist, und wachse voran, ein anderer zu werden als du bist, denn wo du Halt machst, bleibst du stehen und wenn du sagst ‚Ich habe genug geleistet', bist du schon verloren", sagt Augustinus von Hippo. Die darin zum Vorschein kommende wandernde Unruhe des Menschen, seine innere Unzufriedenheit, die immer weiter drängt und nach vorne weist, den Horizont überschreitet und nicht aufgibt, ist der Motor, der uns lebendig hält. Wo diese Grundbewegung des Lebendigen zum Stillstand kommt, leiden wir Not, verlieren wir das innere Feuer und den Glanz in unseren Augen. Das bemerken wir selbst zunächst nicht. Andere mögen das früher erkennen als wir, aber nach und nach wird auch uns bewusst, dass der Stillstand in unserem Leben sich zunächst als Zufriedenheit tarnt und sich nach und nach in lähmende Gleichgültigkeit wandelt.

Virginia und das Christkind

Und so kriegen wir eine Vorstellung davon, worum es im Leben gehen könnte: Nicht perfekt zu sein, sondern in Bewegung zu bleiben und mit etwas Glück zurückzufinden zu dem Kind, das wir einmal waren und das der Wanderprediger aus Nazareth wie viele nach ihm als den eigentlichen Lehrmeister des Lebendigen hinstellt: das Kind, das bis zu vierhundert Mal am Tag lachen und sich dabei bis zu fünfzig Mal täglich für etwas restlos begeistern kann. Ein solches Kind ist die wohltuende Alternative zu Menschen, denen das Lachen vergangen ist und die Begeisterung und innere Heiterkeit nach und nach abhandenkommt. Kinder sind die besten Gehilfen, Verlorenes wiederzufinden, Vergessenes und Verschüttetes auszugraben, zu entstauben und wieder zum Leuchten zu bringen. An Kindern ist am ehesten zu verstehen, wie sehr das Leben in erster Linie gelebt und nicht so sehr verstanden werden will. Mehr noch: Wo das Leben gelingt, reicht der Verstand meist nicht aus, es auch nur annährend zu erklären.

Das belegt auch die berührende Geschichte der achtjährigen Virginia, die im Jahre 1897 an die US-Tageszeitung *The New York Sun* schreibt:

> *„Ich bin acht Jahre. Einige von meinen Freunden sagen, es gibt kein Christkind. Papa sagt, was in der Sun steht, ist wahr. Bitte sagen Sie mir: Gibt es ein Christkind?"*

Chefredakteur Francis Church antwortete auf der Titelseite seines Blattes:

> *„Virginia, Deine kleinen Freunde haben nicht recht: Sie glauben nur, was sie sehen. Sie glauben, dass es nicht geben kann, was sie mit ihrem kleinen Geist nicht erfassen können. Aller Menschen Geist ist klein: ob er nun einem Erwachsenen oder einem Kind gehört. Im Weltall verliert er sich wie ein winziges Insekt. Solch Ameisenverstand reicht nicht aus, die ganze Welt zu erfassen und zu begreifen. Ja, Virginia, es gibt ein Christkind. Es gibt es so gewiss wie die Liebe und Großherzigkeit und Treue. Weil es all das gibt, kann unser Leben schön und heiter sein. Wie dunkel wäre die Welt, wenn es kein Christkind gäbe! Es gäbe dann auch keine Virginia, keinen Glauben, keine Poesie – gar nichts, was das Leben erst erträglich macht. Ein Flackerrest an sichtbarem Schönen bliebe übrig. Aber das Licht der Kindheit, das die Welt ausstrahlt, müsste verlöschen.*
>
> *Es gibt ein Christkind. Sonst könntest Du auch den Märchen nicht glauben. Gewiss, Du könntest Deinen Papa*

bitten, er solle am Heiligen Abend Leute ausschicken, das Christkind zu fangen. Und keiner von ihnen bekäme es zu Gesicht – was würde das beweisen? Kein Mensch sieht es einfach so. Das beweist gar nichts. Die wichtigsten Dinge bleiben meistens unsichtbar. Die Elfen zum Beispiel, wenn sie auf Mondwiesen tanzen. Trotzdem gibt es sie. All die Wunder zu denken – geschweige denn, sie zu suchen –, das vermag nicht der Klügste auf der Welt.

Was Du auch siehst: Du siehst nie alles. Du kannst ein Kaleidoskop aufbrechen und nach und nach die schönsten Farbfiguren suchen. Du wirst einige bunte Scherben finden, nichts weiter. Warum? Weil es einen Schleier gibt, der die wahre Welt verhüllt, einen Schleier, den nicht einmal alle Gewalt auf der Welt zerreißen kann. Nur Glaube, Poesie und Liebe können ihn lüften. Dann werden die Schönheit und Herrlichkeit dahinter auf einmal zu erkennen sein.

Ist das denn auch wahr, kannst Du fragen: Virginia, nichts auf der ganzen Welt ist wahrer und nichts beständiger. Das Christkind lebt, und ewig wird es leben. Sogar in zehnmal zehntausend Jahren wird es da sein, um Kinder wie Dich und jedes offene Herz mit Freude zu erfüllen.

Frohe Weihnacht, Virginia!
Dein Francis P. Church“

Dieser Briefwechsel zwischen Virginia und Francis bewegt mich aus zwei Gründen:
Einmal, weil die Reaktion der Leser auf diesen Briefwechsel so überwältigend war, dass er jedes Jahr zu Weihnachten bis

zur Einstellung der *New York Sun* im Jahre 1950 auf der Titelseite der Zeitung abgedruckt wurde.

Dann aber fasziniert mich über seine Rezeption und Wirkungsgeschichte hinaus die innere Qualität dieses Dialoges, der geradezu wie ein biblischer Kommentar zur Stelle im Evangelium des Matthäus[10] anmutet. Dort wird erzählt, dass Jesus ein Kind herbeiruft, es in die Mitte stellt und sagt: *„Wenn ihr euch nicht umwendet und wie die Kinder werdet, kommt ihr nimmermehr in das Königtum der Himmel hinein."* Diese Stelle wäre zu schnell und somit falsch verstanden, würde sie in der „Entweder-oder-Mentalität" interpretiert werden und Erwachsene gegen Kinder ausspielen wollen. „Werdet wie die Kinder!" bedeutet ja nicht, Erfahrungen wegzuwerfen und auf das zu verzichten, was ein Mensch bisher gelebt und gelernt hat, sondern diese Erfahrungen und die daraus gewonnene Weisheit zu relativieren, sie in Beziehung zu bringen zur Weisheit der Kinder und sie denen zur Verfügung zu stellen, die darum bitten. In einem so verstandenen und daraus wachsenden großen Dialog zwischen Jung und Alt, zwischen Unbekümmertheit und Erfahrung lässt sich auch auf Erden schon Himmel gestalten.

Es besteht kein Zweifel daran, dass Virginia auf ihre Frage eine Antwort erwartet. Ohne die Leidenschaft dieses kindlichen Wissen-Wollens ist die Antwort des Chefredakteurs nicht denkbar. Die aus tiefstem Herzen kommende Kinderfrage beflügelt den erfahrenen Journalisten, zum Fest etwas zeitlos Bewegendes zu formulieren, das weit über das Tagesgeschehen hinausweist. In dieser Weise gehören Kinder mit ihren neugierigen Fragen zu den eigentlichen Lehrmeistern des Lebens. Wie arm wären Erwachsene, wenn ihre Welt nicht ständig von Kindern hinterfragt würde. Wie arm aber wären auch Kinder, wenn sie niemanden mehr wüssten, dem sie ihre Fragen stellen können.

Offen bleiben

Gelungenes Leben und erfüllte Zeit sind zwei Seiten einer Medaille. Es tut nichts zur Sache, dass der Verstand das nicht zu ergründen und schon gar nicht zu begründen vermag. Denn das Leben stellt uns mehr Fragen, als wir Antworten darauf zu finden in der Lage sein werden. Und darüber hinaus versagen uns gerade in den wichtigsten Momenten der Verstand und die Sprache ihren Dienst. In größter Freude und tiefstem Schmerz bleiben wir stumm und suchen vergebens nach Worten. Die am tiefsten empfundenen Regungen unseres Herzens führen uns in die Stille.
Am Ende einer solchen wortlosen Reise in unser Inneres wissen wir, dass das Leben nicht so sehr danach verlangt, dass wir es verstehen, sondern dass wir es leben, dass wir es mit offenen Armen geschehen lassen und es – wenn wir Glück haben – als Geschenk begreifen können. Wie unser Leben auch verlaufen mag, erfüllt und/oder unerfüllt, gelungen, auf krummen Pfaden oder geraden Straßen, es wird uns bis zum Schluss ein großes Geheimnis bleiben, dem wir nur dadurch gerecht werden können, dass wir es mit offenen Armen anzunehmen bereit sind.

Rainer Maria Rilke spricht davon in seinem Gedicht „Du musst das Leben nicht verstehen“ (1898) aus dem Zyklus „Mir zur Feier“[11] und sieht gerade in der unbekümmerten Gebärde offener Kinderhände die wesentlichste Grundhaltung eines Menschen:

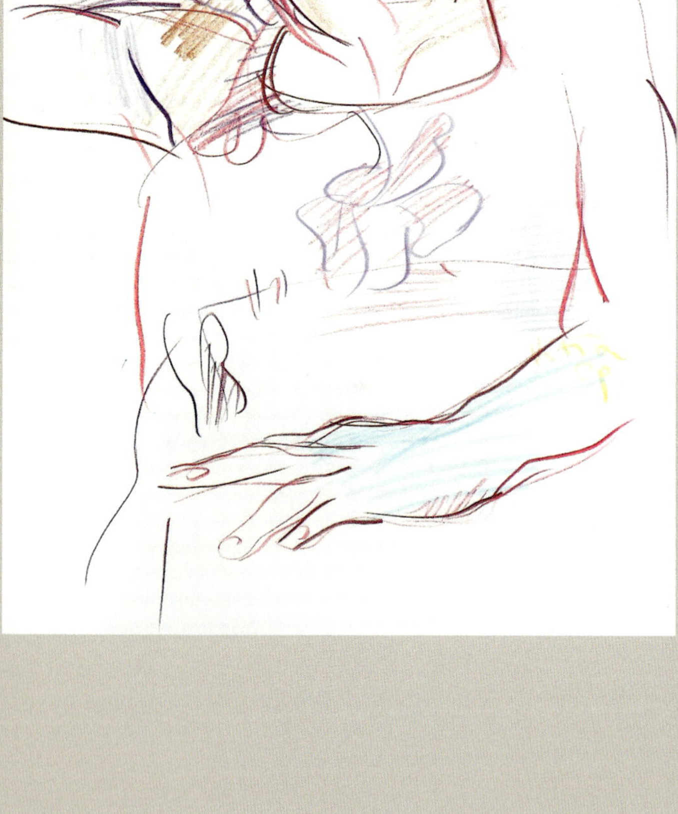

Du musst das Leben nicht verstehen,
dann wird es werden wie ein Fest.
Und lass dir jeden Tag geschehen
so wie ein Kind im Weitergehen
von jedem Wehen
sich viele Blüten schenken lässt.

Sie aufzusammeln und zu sparen,
das kommt dem Kind nicht in den Sinn.
Es löst sie leise aus den Haaren,
drin sie so gern gefangen waren,
und hält den lieben jungen Jahren
nach neuen seine Hände hin.

Kinder – je jünger desto mehr – sind offen für jede Blüte, die ihnen das Leben entgegenweht. Je erwachsener sie werden, desto mehr stellen sie Berechnungen an und skizzieren Vorstellungen davon, wie das Leben zu verlaufen hätte. Nicht selten ziehen sie sich dann, in die Jahre gekommen, enttäuscht und gekränkt aus dem Leben zurück, weil es nicht das zu halten scheint, was sie sich im Grunde selbst versprochen haben.

Gehört dem Tüchtigen die Welt?

Immer wieder habe ich in Vorträgen, wie vormals in meinen Predigten, versucht, in der biblischen Geschichte von den Arbeitern im Weinberg, die Matthäus im 20. Kapitel seines Evangeliums[12] erzählt, einen Kommentar zum besseren Verständnis dieses Rilke-Gedichtes zu sehen, und dabei viel Kopfschütteln und Widerspruch geerntet.
Es wird von einem Gutsbesitzer erzählt, der früh am Morgen

sein Haus verlässt, um Arbeiter für seinen Weinberg anzuwerben. Er einigt sich mit ihnen auf einen bestimmten Betrag als Tageslohn und schickt sie in seinen Weinberg. Drei Stunden später geht er wieder hinaus, findet weitere Arbeiter und schickt auch sie in seinen Weinberg. Das wiederholt er zur Mittagszeit und am Nachmittag und auch noch einmal kurz vor Sonnenuntergang. Die er zuletzt trifft, fragt er, warum sie denn den ganzen Tag herumstehen und keiner Arbeit nachgehen. Sie rechtfertigen sich damit, dass niemand Arbeit für sie hätte. Auch diese schickt er noch in seinen Weinberg. Am Ende des Tages erhalten alle Arbeiter ihren Lohn. Zuerst die, die von Sonnenaufgang bis Sonnenuntergang geschuftet haben, und dann nach und nach alle in der Reihenfolge ihrer Dienstzeiten. Als die tüchtigsten Arbeiter merken, dass alle, ganz egal, wie lang sie gearbeitet haben, gleich viel Geld erhalten, beginnen sie zu protestieren und ihr Recht auf höheren Lohn einzufordern. Doch der Herr des Weinbergs sagt einem von ihnen: „Du hast bekommen, was wir vereinbart haben. Ich will aber dem Letzten ebenso viel geben wie dir. Du brauchst das nicht zu verstehen, aber gestatte mir doch, dass ich mit dem, was mir gehört, tun darf, was ich will, auch wenn du neidisch bist, weil ich zu anderen gütig bin.“

Besser als durch diese Geschichte kann mir bis jetzt niemand die täglich anzutreffenden Unterschiede im Leben „erklären“. Damit zu hadern, dass das Glück immer dort ist, wo ich nicht bin, garantiert mir auch unter Protest kein glücklicheres Leben. Im Alltag begegnen wir tagtäglich einer eigenartigen Mischung aus aufrichtigen Mitmenschen, genialen Selbstvermarktern und spitzfindigen Scharlatanen. Trotz des Sprichworts „Dem Tapferen hilft das Glück“ ist es nicht immer von vornherein klar, wer sich durchsetzt und Erfolg hat. Während der eine sich redlich müht und auf keinen grünen Zweig kommt, fällt dem anderen mehr in den Schoß als, er zu träumen wagt. Die biblische Geschichte deutet mir das Leben in erster Linie als Angebot und als Geschenk und erst dann auch als Frucht meiner eigenen Arbeit und Tüchtigkeit, auf die ich mich aber nicht rechnerisch verlassen kann. Dazu kommt, dass trotz aller Förderung eines gesunden Selbstbewusstseins zu große Selbstsicherheit in dem, was meiner Leistung zuzuschreiben ist, den Teamgeist gefährden und das kollegiale Miteinander negativ beeinflussen kann.

Trotzdem lese ich immer wieder beeindruckende Beispiele unbesiegbarer Selbstsicherheit in der Zeitung und muss den Kopf schütteln und mich darüber wundern, wenn der dreifache Olympiasieger Usain Bolt aus Jamaika mit seinen 25 Jahren sich in London 2012 zur Legende erklärt und für sein Leben keine weiteren Wünsche mehr offen sieht. Vielleicht wird auch er erfahren müssen, dass nicht er entscheidet, wer zur Legende wird, sondern die Menschen und die Nachwelt. Und beide können manchmal alles andere als gerecht, sondern kapriziös und grausam sein. Immer wieder wird es im Leben seltsam unlogisch und auch ungerecht zugehen. Immer wieder erweist sich das Leben als die überraschende Kraft, die Visionen, Perspektiven und Einschätzungen zu durchkreuzen vermag. Auch ein Spitzensportler, der sich selbst zur Legende ausruft, hat keinen Anspruch auf „gerechten Lohn", auch er muss nehmen, was ihm das Leben gibt und noch geben wird. Das muss er nicht verstehen, er wird genug damit zu tun haben, es zu leben. Die Psychologik seines Herzens mag ihn lehren, mit allem zu rechnen und sich bis zuletzt nicht in Sicherheit zu wiegen.

„Psycho-logik“ statt Logik

Um diese „Psycho-logik“ verstehen zu können, ziehe ich immer wieder Gedichte, Geschichten, Mythen und Märchen zurate, weil in ihnen verdichtet eine Wahrheit wohnt, die weit über das Historische hinausweist, ermutigt, inspiriert, Kraft gibt und einlädt, das Leben, das im Moment nicht nur nicht zu verstehen, sondern auch manchmal schwer zu ertragen sein mag, in einem anderen, neuen Licht zu sehen.
Eine der vielen „wahren“ Geschichten, die ich kenne, bringt dieses jeden Tag mögliche „neue Licht“ für mein Leben ganz besonders schön zur Sprache.

Sie erzählt von einem weisen Menschen, der in einem kleinen Dorf lebt. Sein einzig erwähnenswerter Besitz ist ein wunderschöner schwarzer Hengst. Doch eines Tages bricht dieser Hengst aus seiner Koppel aus und verschwindet. Da kommen die Nachbarn und bedauern diesen Menschen: „Was für ein schreckliches Unglück!“ Er aber antwortet ihnen: „Ist das so?“ Es vergehen eineinhalb Jahre. Eines Tages kehrt der schwarze Hengst zurück zum Hof des Menschen und bringt mit sich eine Herde von wilden Pferden, deren Leittier er geworden ist. Jetzt ist der Mensch in den Augen seiner Nachbarn gesegnet und reich und sie kommen zu ihm und sagen: „Was für ein unwahrscheinliches Glück du hast!“ Und der Mensch antwortet seinen Nachbarn wieder: „Ist das so?“ Dieser Mensch hat einen einzigen, bereits erwachsenen Sohn, der zum begeisterten Reiter wird, aber eines Tages so unglücklich vom Pferd stürzt, dass er zeitlebens erheblich behindert bleibt. Da kommen wieder die Dorfbewohner und sagen: „Wie schlimm dich doch das Schicksal trifft!“ Und der Mensch antwortet: „Ist das so?“ Ein Jahr nach dem Unfall des Sohnes bricht Krieg aus und alle gesunden Männer des

Dorfes müssen zum Militär. Nur der gehbehinderte Sohn bleibt davon verschont. Und nur wenige von den eingerückten Männern überleben den Krieg.

Alles, was Menschen erleben, scheint unter dem magischen Zwang zu stehen, sofort und nachhaltig analysiert, beurteilt, verurteilt und eingeordnet werden zu müssen. Dafür sorgt im Hirn das sogenannte „voraktivierte Netzwerk". Aber dieser zwanghafte Drang des sofortigen Verstehen- und Bewerten-Wollens schafft ohne nachhaltige Prüfung „gute" und „böse" Vorurteile, die das Herz eng machen. Das Gegenteil davon wäre offene Weite, in der die Ereignisse des Lebens alle miteinander in Zusammenhang stehen und aus größerer Distanz und besserer Klarheit betrachtet werden können. Solche Klarheit, die wir ja auch „Abgeklärtheit" nennen können, freut sich über das Gute hier und jetzt, erträgt auch das Schwere, blickt aber bei beidem immer auch mit offenem Herzen in die Zukunft, die ich gespannt und neugierig, aber nie mit Gewissheit, sondern immer mit einem Fragezeichen bedenken muss. Das bewahrt mich in meinen täglichen Erfahrungen vor den negativen Folgen meiner „diabolischen" Natur, dem – wörtlich übersetzt – „Hin-und-her-geworfen-Sein", das mich manchmal so durcheinanderbringen kann, dass ich nicht mehr weiß, wo mir der Kopf steht.

Der Drang, alles bewerten und alles verstehen zu müssen, überfordert mich, macht mich ohnmächtig und einsam. Um in dieser Einsamkeit nicht zu ersticken, muss ich mich jeden Tag auf die Suche machen nach anderen Menschen, an deren Schicksal ich teilnehmen und denen ich mich mitteilen kann.

Wie im Himmel

DEM SCHWEDISCHEN FILMREGISSEUR Kay Pollak gelingt mit „Wie im Himmel" (2004) nach zwanzigjähriger Pause ein intensives Comeback. Die Hauptfigur in diesem Film ist der erfolgreiche Dirigent Daniel Daréus, der während eines großen Konzerts einen Herzinfarkt erleidet und deshalb seine Karriere beenden muss. Er zieht zurück an den Ort seiner Kindheit im Norden Schwedens, kauft dort die alte Schule, die er als Kind besucht hat, aber niemand der Dorfbewohner ahnt, dass der große Dirigent ihnen allen nicht so fremd ist, wie sie zunächst glauben. Er lernt die junge Verkäuferin Lena kennen, die im örtlichen Kirchenchor singt, und der Sportladen-Besitzer versucht, ihn für diesen Chor zu gewinnen.

Daniel sträubt sich, besucht nur widerwillig die Proben, entscheidet sich dann aber doch, nicht nur zuzuhören, sondern sogar die Leitung des Chores zu übernehmen. Nach und nach wird immer mehr von der Welt spürbar, aus der er kommt. Das, wovon sein Herz voll ist, muss er an den Chor und die Mitglieder des Chores im Einzelunterricht weitergeben. So wächst der anfangs schlechte Chor über sich hinaus und eröffnet den Sängern ihre verschütteten Sehnsüchte und Träume. Das ganze Dorf wirkt wie verwandelt. „Vertrauen haben", „stark und frei sein", „das Leben spüren", so besingt in ihrem Lied Gabriella den Himmel, den sie ersehnt und zum ersten Mal durch dieses Lied, das Daniel für sie komponiert, in ihrem Herzen spürt.

Ein älteres Paar entdeckt durch das neue Miteinander die bisher so noch nie zur Sprache gebrachte Kraft ihrer Liebe.

Die Frau des Pfarrers stellt das gemeinsame Leben im Pfarrhof infrage und entschließt sich, ihren Wünschen nach Zärtlichkeit nicht länger Stillschweigen zu verordnen. Tore, der bisher ausgegrenzte behinderte junge Mann, singt nicht nur im Chor mit, er wird zur Schlüsselfigur in der Handlung des Films. Kurz gesagt: Durch Daniel gerät die Welt des Dorfes zunächst völlig durcheinander, bekommt dadurch aber für alle Bewohner eine so noch nie dagewesene Qualität. Plötzlich ist da Raum für Gefühle und Bedürfnisse, deren Existenz bisher bestenfalls hinter vorgehaltener Hand eingestanden und eingefordert wurden.

Der Himmel erscheint hier als die Kunst, das Leben mit anderen zu teilen, sich mitzuteilen, füreinander Raum zu schaffen, das gemeinsame Ganze auch als Erntedank miteinander zu (er-)leben. Jeder gibt, was er hat, und alle werden satt! Am besten gelingt das in tiefster Not, weil diese – wie das Sprichwort sagt – erfinderisch macht und Unterschiede beseitigt. Aber es gelingt auch, wenn Menschen ohne große Not miteinander kreativ sind und einander geben, was sie haben, und zeigen, was sie können. So kommt es immer wieder zu wunderbarer Brot- und Zeitvermehrung, am schönsten, wenn die Begabung eines Menschen – wie im Film – ansteckend und einladend wirkt und anderen Menschen einen neuen Horizont eröffnet. Der sprichwörtliche „Himmel auf Erden" ist deshalb nicht zuerst ein Platz, den sich ein Mensch sucht, sondern eine Wahl, die er treffen müsste. Am Ende des Films erliegt Daniel einem Herzinfarkt, in der Gewissheit, seinen Platz gefunden zu haben, wirkt diese Szene fast schon harmonisch und versöhnlich – ganz abseits eines klassischen „Hollywood-Happyends".

Begeisterung muss brennen

Gabriel García Márquez zum Beispiel „muss" schreiben, sagt er, er kann nicht anders, sein Schaffen entspringt einem inneren Drang, einer heiligen Unruhe, die ihn zeit seines Lebens begleitet. 2002 meint er in einem Interview zu seinem 75. Geburtstag: „Das Schreiben ist der Beruf Gottes." Er sieht im Schreiben die schönste Sache der Welt, so schön, dass in seiner Vorstellung Gott selbst Schriftsteller sein müsse.
Wohl in jedem Menschen hat irgendeinmal ein solches inneres Feuer gebrannt, eine Faszination und Begeisterung für eine Sache, ein Zauber, dem er sich letztendlich verschreiben wollte, eine Vision, ein Traum am Beginn seines Lebens. Keinem Menschen darf deshalb die Frage erspart bleiben, was aus dieser seiner frühkindlichen Begeisterung geworden ist und ob sie – wie versteckt sie auch immer gewesen sein mag – nicht noch in ihm schlummert und darauf wartet, befreit zu werden und Raum zu bekommen.

Alles, was ein Mensch aus Begeisterung tut, macht ihn lebendig. Und immer, wenn die Routine des Alltags diese Begeisterung untergräbt und zum Verschwinden bringt, sind seine Lebensqualität und die Gesundheit bis hin zum „Infarkt der Seele" bedroht. Irgendwann zieht dann der Körper die Notbremse, als wollte er sagen: „Mach ruhig so weiter, aber ohne mich!" Dann diagnostizieren ihm die Fachleute „Burn-out", „Panikattacken", „Niedergeschlagenheit", „Erschöpfung" und „Depression". Eine Therapie in solchen Lebenslagen ist nur dann sinnvoll, wenn es gelingt, die Glut unter der Asche neu zu entfachen, das „Feuer der Jugend", den „Zauber des Anfangs" und den verschütteten Traum seines Lebens wieder freizulegen und lebendig zu erhalten! Und nach einer solchen Erfahrung weiß er in ganz neuer Weise, wie sehr er den Schatz seines Lebens in zerbrechlichen Gefäßen durchs Leben trägt und wie sehr ihn jede Begegnung beeinflusst, prägt und verwandelt.

Irrungen und Wirrungen

Eindrucksvoll nachvollziehbar erzählt davon eine italienische Legende, die in den Speisesaal des Klosters „Santa Maria delle Grazie" in Mailand führt, wo sich das weltbekannte Fresko von Leonardo da Vinci „Das letzte Abendmahl" befindet. Zur Entstehung des Kunstwerks erzählt die Legende, dass Leonardo mit der Figur des Christus seine Arbeit beginnt und bald ein geeignetes Modell dafür findet, einen jugendlichen, schönen und starken Mann. Danach arbeitet der Künstler über ein Jahr an den Apostelfiguren bis ihm zu guter Letzt nur noch die Gestalt des Judas fehlt. In den Gassen der Stadt macht sich Leonardo auf die Suche nach einem geeigneten Modell, aus dessen Gesicht innerer Verrat und moralischer Verfall abzulesen sind. Nach längerem Suchen findet er einen versoffenen Mann, der froh ist, für ein paar Soldi Modell zu sitzen. Bei den ersten Pinselstrichen jedoch erschrickt der Meister. Er erkennt in dem verkommenen Menschen, der da vor ihm sitzt, den Mann, der vor einem Jahr sein Modell für den Christus gewesen war.

Historisch oder nicht, die Legende beschreibt die schmerzliche Erkenntnis, dass der Mensch zeit seines Lebens ein Suchender ist, dass sein Weg einem ständigen Auf und Ab gleichkommt, ihn vom Berg ins Tal und von dort auch wieder hinaufführen kann auf den Gipfel. „Wer steht, sehe zu, dass er nicht falle"[13], und wer am Boden liegt, dass er nicht liegen bleibt. Ein Suchender auf seinem Weg trachtet danach, sich in seiner etwas wirren Welt zurechtzufinden, vor allem aber versucht er, das Seine zu finden, etwas, das ihm entspricht, das nicht nur passt, sondern das zu ihm passt wie der Schlüssel ins Schloss. Er wird zeit seines Lebens nie mit Bestimmtheit sagen können, ob er auf dem richtigen Weg ist. Bis zum Schluss wird er nicht wissen, ob er der Wahrheit gefolgt oder einer Sinnestäuschung erlegen ist. Darum ist sein Weg nur geh- und verstehbar von seinem Ende her und nur erklärbar durch das Grundvertrauen, dass er sich geführt weiß. Nicht dass ihm dadurch Entscheidungen erleichtert oder abgenommen würden: im Gegenteil! An den entscheidenden Wegkreuzungen seines Lebens wird immer tiefe Einsamkeit auf ihn warten. Wer, wenn nicht er, wird ihm sagen, wohin der Weg gehen soll? Im Blick voraus muss er es wagen, im Blick zurück wird er es (vielleicht) verstehen. Das Leben will nach vorne gelebt und kann erst so im Blick zurück verstanden werden. Aber in jedem Moment seines Lebens stellt sich ihm die Frage: „Wie bist Du denn bis hierhergekommen? Und wer bist du auf dem Weg bis hierher geworden?"

Alexander Mitscherlich und seine 2012 verstorbene Frau Margarete beschreiben die Identität eines Menschen aus der Summe seiner Irrungen und Wirrungen und meinen, dass aus den vielen eingestandenen oder nicht eingestandenen Irrtümern eines Menschen sich dessen Charakter und Persönlichkeit bilde. Infolge dieser „Verirrungen" stabilisiert sich im menschlichen Gehirn ein sogenanntes „voraktiviertes Netzwerk", an das der Mensch alles dranhängt, womit er sich beschäftigt.
Bei einem Vortrag im erweiterten Vorstand einer Psychosomatischen Klinik im Allgäu bin ich vor Jahren dem Gehirnforscher Gerald Hüther begegnet, der mir die Funktion dieses voraktivierten Netzwerkes besser erklären und begreiflich machen konnte.

Zur Veranschaulichung erzählt er von einer Frau, die nach einem hektischen Tag in ein Kaufhaus geht, um noch schnell einzukaufen, was sie für das Abendessen ihrer Familie braucht. Mit zwei vollen Taschen auf dem Weg nach Hause denkt sie gründlich darüber nach, ob sie wohl auch nichts vergessen hat. Da stellt sich ihr ein nackter Mann in den Weg, ein Exhibitionist. Sie bleibt erschrocken stehen, sieht ihn an und dann fällt ihr ein: „Ach ja, die Shrimps!"
Was sich in dem Moment im Gehirn dieser Frau abspielt, ist eine hirntechnische Meisterleistung. Und es zeigt auch gleichzeitig das Problem, in dem sie steckt. Das sogenannte „voraktivierte Netzwerk" in ihrem Gehirn hat die Eigenschaft, all das, was sie in diesem Moment wahrnimmt und erlebt, an das dranzuhängen und wie durch einen Magneten damit zu verknüpfen, was sie gerade denkt. Dadurch ist begreiflich, warum sie auf dem Weg nach Hause beim Anblick eines nackten Mannes an die vergessenen Shrimps denken muss.

So geht es in der Erzählung „Der kleine Prinz" auch dem Fuchs, dem der kleine Prinz die unterschiedlichsten Dinge von seinem Planeten erzählt, den aber nur die eine Frage interessiert, ob es dort auch Hühner gäbe.
So wird auch verständlich, warum Menschen in ihrer Welt mit „voraktivierten Netzwerken" so schnell und so leicht glauben, genau wissen zu können, worauf es ankommt, und warum sie dann auch nichts anderes mehr sehen. Daraus resultieren einseitige und in der Folge durchaus schädliche und zu guter Letzt „ausbeuterische Grundhaltungen" im Menschen. Der Mensch als „voraktivierter Netzwerker" sucht, wo es etwas gibt, das er ausnutzen kann. Er sucht nach Möglichkeiten, die es auszunutzen gilt.
Ohne zu prüfen, ob seine Schwerpunkte gut und nützlich

sind, etabliert er Einrichtungen wie zum Beispiel Schulen, in denen Ressourcen herangezüchtet werden, die nicht in erster Linie für die Schüler, sondern für die Wirtschaft nützlich sind. Und wenn sein Körper sich dagegen sträubt, dann macht er sich vielleicht sogar selbst zur Ressource, die er ohne Rücksicht auf nachhaltige Verluste ausbeutet. Er nimmt sogenannte „kognitive Enhancer" ein, schluckt also Pillen, damit ihm sein Körper gehorcht und noch besser funktionieren kann. Und so, wie sich selbst, nutzt er alles aus, was er nur kriegen kann: andere Menschen, Kontinente, Bodenschätze, wie zum Beispiel das fossile Energiesystem, das sich immer mehr zu einem Teufelskreis entwickelt, der neben den ökonomischen, auch katastrophale ökologische und soziale Folgen nach sich zieht.

Wer bezahlt die Zeche?

Den Vorsitzenden des Weltrats für erneuerbare Energien und deutschen SPD-Bundestagsabgeordneten Hermann Scheer habe ich wenige Monate vor seinem Tod bei einem Vortrag am 11. Mai 2009 in Wien erlebt. Scheer vergleicht darin das gängige Ausnutzungsverhalten seiner Zeitgenossen mit einem Menschen, der in ein sehr teures Restaurant geht und dort ohne einen Cent in der Tasche, mit längst überzogenem Konto, ohne Kreditwürdigkeit und daher auch ohne Kreditkarte Austern und Champagner bestellt. Nach dem ersten Gang bestellt er einen zweiten und dann einen dritten Gang. Er hat nicht vor, die Zeche zu prellen, er verfolgt eine andere Strategie: Er hofft auf einen Ausweg aus dem Zahlungsdilemma, indem er in irgendeinem der nächsten Gänge in einer der Austern die Perle findet, mit der er das alles bezahlen wird können. Das ist ungefähr vergleichbar mit dem, wie sich weltweit die Ressourcenkrise zuspitzt – solange die gnadenlose Ressourcenausnutzung das oberste Prinzip bleibt. Künftige Generationen werden noch einmal den Kopf schütteln und sich fragen, was sich die Generation, der das anzulasten ist, dabei wohl gedacht haben mag. Was ein Mensch mit einer solchen Grundeinstellung dringend nötig hat und was infolge eine aus einer Mehrheit solcher Menschen bestehende Gesellschaft braucht, damit ihre Zukunft gelingen kann, ist ein überfälliger Wandel von einer „Ressourcenausnutzungskultur" in eine „Potenzialentfaltungskultur".

Ein solcher Wandel ist möglich! Das ist eine der „frohen Botschaften" der Hirnforschung: Es geht mehr, als der Mensch im Augenblick für möglich hält. Es steckt mehr in ihm als das, was er im Augenblick weiß. Er kann sein Gehirn auch noch auf eine ganz andere Weise nutzen. Er kann aus eingefahrenen Sackgassen herauskommen, die beiden Einkaufstaschen gelegentlich auch einmal abstellen, kann sich umschauen und dabei erkennen, was es da noch Wunderbares zu sehen und zu entdecken gibt. Und das Schönste, das uns die Hirnforschung dabei zeigt, ist, dass das Hirn und damit auch das Herz des Menschen zeitlebens „plastisch" bleibt, zeitlebens formbar ist, zeitlebens neue Erfahrungen möglich macht und dabei neue Netzwerke herausbildet und stabilisiert. Das geht bis ins hohe Alter.
Aber die Voraussetzung dafür ist, dass es irgendetwas im Leben dieses Menschen gibt, wofür er sich restlos begeistern kann. Daraus folgt: Das menschliche Gehirn wird so, wie es der Mensch benutzt, aber ganz besonders so, wie er es mit Begeisterung benutzt. Was im Gehirn mit Nachdruck hängen bleibt, steht in Zusammenhang mit Erlebnissen, die dem Menschen unter die Haut gehen. Und hier tut sich schon ein

erstes ernstes Problem auf: Viele Menschen haben nicht nur die Begeisterung, sondern mit ihr auch die Lebensfreude verloren. Und weil ihnen nichts mehr unter die Haut geht, glauben sie, sich den Luxus der Begeisterung nicht mehr leisten zu können. Sie haben sich wunderbar angepasst an das, was von ihnen verlangt wird.
Dadurch haben sie sich selbst funktionalisiert: Sie „funktionieren" nur mehr und ihr Panzer, mit dem sie sich dabei umgeben, ist kaum noch durchdringbar. Sie stehen in der Früh auf und wissen bereits, was sie an diesem Tag zu vollbringen haben und was von ihnen verlangt werden wird. Aber trotz allem befindet sich wie bei jedem anderen Menschen hinten auf dem Rücken eine kleine Stelle, an der sie noch berührbar und natürlich auch verwundbar sind: die Stelle, an der in der Sage des Nibelungenliedes beim Bad des Siegfried im Drachenblut das Lindenblatt gelegen hat. Dort steht geschrieben: „Es gibt kein gutes Leben ohne Begeisterung!" Darum darf und soll auch diesen Menschen die Frage nicht erspart werden, wofür sie sich begeistern.

Der Begriff „Begeisterung" ist in diesem Zusammenhang auch deshalb so wichtig, weil daran zu erkennen ist, woran eine Gesellschaft, der nichts mehr unter die Haut geht, besonders zu leiden hat. Es fehlen ihr das innere Feuer, die Begeisterung und Motivation. Und so ist es gut zu verstehen, dass die Menschen in einer Gesellschaft, der es an Begeisterung fehlt, krank werden. Wenn die Weltgesundheitsorganisation WHO den westlichen Industriestaaten für die nächsten zwanzig Jahre den Anstieg von Angststörungen und depressiven Erkrankungen vorhersagt, kann die Schlussfolgerung daraus doch wohl nur lauten: Die Gesellschaft, in der wir leben, muss sich verändern und jeder Mensch in ihr muss seinen Teil dazu beitragen, dass das menschliche Miteinander in allen Lebensbereichen neu überdacht, die Behandlung von Kranken in einen größeren Zusammenhang gestellt und der Umgang mit jungen Menschen in dieser Gesellschaft aus einer völlig neuen Perspektive betrachtet werden kann. Was eine seelisch gesunde Gesellschaft braucht, sind Beispiele des Gelingens, an denen deutlich wird, wie es gemacht werden kann und was anders gemacht werden muss, damit es gelingen kann.

Zwei fundamentale Erfahrungen

JEDER MENSCH kommt mit zwei fundamentalen Erfahrungen zur Welt, die er schon vorgeburtlich als Embryo im Mutterleib gemacht hat. Sie bestimmen als Glückskoordinaten das Leben jedes Menschen.

Die erste Erfahrung ist jene, mit der Mutter aufs Engste verbunden zu sein. Nie wieder im Leben später wird ein Mensch so eng mit jemandem verbunden sein. Und aus dieser Erfahrung, die im Hirn schon vorgeburtlich verankert wird, entsteht dann die Erwartungshaltung, dass das da draußen in der Welt so weitergehen könnte. Ein neugeborenes Kind hofft also, dass da jemand ist, der ihm Geborgenheit und Schutz gibt, der ihm das Gefühl gibt, dazuzugehören und nicht alleingelassen zu werden.

Und dann bringt ein Kind bei seiner Geburt noch eine zweite im Mutterleib gemachte Erfahrung ins Leben mit: Als Embryo war es nicht nur geschützt und verbunden, es ist auch gewachsen und konnte sich entfalten. Und daraus entsteht seine Erwartungshaltung, dass es da draußen so weitergehen könnte, dass es als Kind auch nach der Geburt Gelegenheiten findet, wachsen zu dürfen, seine Potenziale entfalten zu können, Aufgaben zu finden, an denen und durch die es wachsen und zeigen kann, dass es etwas kann.

Damit ist mit wenigen Sätzen das Spannungsfeld umschrieben, in dem ein Mensch sein Leben verbringt: Die Sehnsucht, die er vorgeburtlich kennt, nämlich wachsen zu dürfen und gleichzeitig verbunden zu sein, diese Sehnsucht hat nach seiner Geburt nicht aufgehört, sie ist und bleibt der innere Motor und die Triebfeder all seiner Lebenstage. Wenn eines dieser Bedürfnisse nicht gestillt werden kann, dann leidet er Not, die er als tiefen inneren Schmerz wahrnimmt. Den Ausschluss aus einer Gemeinschaft empfindet er schmerzlich, genauso, wie wenn er verprügelt wird. Und wenn er daran gehindert wird, zu zeigen, was er kann, dann tut ihm das genauso weh.

Die einzige Lösung ist die, dass er Gemeinschaften findet, in denen er wachsen darf und in denen er sich geborgen fühlt. Den wenigsten seiner Zeitgenossen gelingt beides. Wem es nicht gelingt, der leidet, hat Schmerzen und braucht „Beruhigungspillen", Bewältigungsstrategien, mit denen er es einigermaßen schafft, dieses aufgeregte System, das da ständig ruft „Ich möchte dazugehören!" und „Ich möchte zeigen, was ich kann!", zu beruhigen. Und wenn er nicht das bekommt, was er braucht, nimmt er sich dann halt das, was er kriegen kann: Ersatzbefriedigungen als „Überbrückungshilfe", wie Drogen, Alkohol, Karriere, Macht. Aber, und das ist eine wichtige und gleichzeitig schmerzliche Erkenntnis: Das Befriedigen eines Bedürfnisses ist etwas anderes als das Stillen einer Sehnsucht! Beim Befriedigen eines Bedürfnisses macht er immer wieder die Erfahrung, dass es nicht reicht! Er braucht immer mehr von dem, was er sucht, weil er das, was er braucht, nicht finden kann. Wenn sein Körper nimmt, was er kriegen kann, ist das noch keine Garantie, dass sein Herz hat, was es braucht.

Hier muss ich an Kardinal König denken, der in seinem berühmten Dreisatz die wesentlichen Fragen des Lebens formuliert: „Woher komme ich? Wohin gehe ich? Was ist der Sinn meines Lebens?" Eine sinnvolle Variante dieser Fragen ergibt sich vor dem Hintergrund des oben Gesagten: „Wo gehöre ich hin? Wem darf ich zeigen, was ich kann? Wem kann ich sagen, was ich nicht kann, und wer hilft mir dann weiter?"

Ermutigen - begeistern - inspirieren

Wenn wir Erfahrungen machen, können wir berichten, was geschehen ist und gleichzeitig, wie es uns dabei ergangen ist. Bei Erlebnissen, die uns unter die Haut gehen, machen wir gleichzeitig kognitive und emotionale Erfahrungen. Und wenn wir in bestimmten Lebensbereichen immer wieder ähnliche Erfahrungen machen, dann erwächst aus dieser Summe von ähnlichen Erfahrungen so etwas wie eine innere Einstellung, eine Grundhaltung, die nach und nach zu unserem Markenzeichen wird. Diese kann günstig sein für unsere weitere Lebensgestaltung oder aber ungünstig. Dem einen öffnet sie die Welt, in der er zeigen kann, was er kann. Seine ihm daraus erwachsenen Grundhaltungen heißen Dankbarkeit, Offenheit, Neugier, Entdeckerfreude, Gestaltungslust und Beziehungsfähigkeit – alles Eigenschaften, die sich bei Menschen finden, die das Glück haben, positive Erfahrungen beim Stillen ihrer beiden Grundsehnsüchte machen zu können.
Dem anderen, dem das nicht gelingt, erwachsen innere Grundhaltungen wie Gier, Neid und Habsucht – allesamt engmachende Einstellungen, mit denen er unterwegs ist, um sich immer mehr von dem zu verschaffen, was er kriegt, weil er das, was er dringend bräuchte, nicht bekommen kann. Getrieben durch seine Unzufriedenheit sucht er sich Ersatzbefriedigungen, mit denen er allein bleibt. Die Gesellschaft, in der er lebt, ist vielfach dominiert von solchen Ersatzbefriedigungen, die ihn dazu verleiten, sein Hirn auf eine sehr enge Weise zu benutzen.

Um aus dieser Sackgasse herauszukommen, bedarf es keiner Therapievorschläge im Sinne einer Verhaltensänderung und keiner Ratschläge, wie man es besser machen könnte. Viele pädagogische Maßnahmen und Therapieansätze greifen hier zu kurz und zielen lediglich auf das „Verhalten". Im Grunde bleiben sie in der Mentalität der alten „Ressourcenausnutzungskultur" stecken und propagieren in ihren Fachbüchern und Ratgebern die Änderung des Gesundheitsverhaltens, des Essverhaltens, des Arbeitsverhaltens, des Lernverhaltens und Partnerverhaltens als Problemlösung. Aber damit landen sie auf der Suche nach effizienter Hilfe und Neuorientierung letztlich doch wieder nur bei der schmerzlichen Erfahrung des bekannten Jo-Jo-Effekts!

Was geändert werden muss, ist nicht das Verhalten, sondern das, was das Verhalten steuert: die innere Haltung, die innere Einstellung eines Menschen, denn sie ist es, die dafür verantwortlich ist, dass er sich so verhält, wie er sich verhält.
Das erreichen wir aber nicht durch den Besuch von Vorträgen und mit dem Einholen von Ratschlägen, sondern in erster Linie durch Zwiesprache mit uns selbst, durch Erlebnisse, die uns unter die Haut gehen, durch irgendetwas, das uns fasziniert, wofür wir uns begeistern können. Allerdings ist damit nicht die Begeisterung des Strohfeuers gemeint, sondern das nachhaltige Brennen für eine Sache – die Faszination für eine Idee, von der ein Mensch sich „von innen her" anzünden und überzeugen lässt, dass da etwas ist, das gelebt und erlebt werden will, das unverwechselbar zu ihm passt.
Die daraus wachsenden Erfahrungen bewirken bei ihm eine neue innere Haltung, die er als kostbaren Schatz in sich trägt, aber nicht für sich behalten kann. Mit neuen Perspektiven kann und will er dann anderen zeigen, was möglich ist, wenn er aus den alten Mustern seines Weltverständnisses ausbre-

chen und anfangen kann, neue Möglichkeiten in den Blick zu nehmen. Daraus zieht er einen doppelten Nutzen: Zum einen erlebt er eine ganz neue Perspektive für sein eigenes Lebens, zum anderen kann er diese neue Erfahrung nicht für sich allein behalten, sondern „muss“ anderen davon etwas weitergeben. Damit wird er vom Ermutigten zum Ermutiger, vom Entdecker zum Gestalter, vom Organisator zum Motivator, der andere Menschen inspiriert. Das allerdings ist nur möglich, wenn es ihm gelingt, irgendetwas an anderen Menschen zu „mögen“. Nur wenn er Menschen mag, wird er sie auch ermutigen können. Und es kommt noch besser: Da meistens gerade diejenigen Ermutigung brauchen, die er am wenigsten mag, müsste er vor allem diejenigen mögen, die er überhaupt nicht leiden kann. Damit fängt jede Therapie und jeder Lernprozess bei ihm selbst an, bei seiner Fähigkeit, sich in den anderen Menschen hineinzuversetzen und dort etwas zu finden, was er mögen kann.

Vom Wiederfinden der kindlichen Begeisterung

In der Wirtschaft nennt man so einen Menschen „supportive leader“ und versteht darunter jemanden, der anderen Menschen hilft, wieder Kraft zu tanken und ihre Potenziale zu entfalten. Was dieser dazu können muss, ist nicht die über Zertifikate und Zeugnisse ausgewiesene Verliebtheit ins Fachgebiet, sondern die Fähigkeit, Begeisterung an einen anderen Menschen weiterzugeben. Das funktioniert, weil alle Menschen in sich diese tiefe Sehnsucht nach Zugehörigkeit und Anerkennung tragen. Dazu muss er keine neue Haltung entwickeln, sondern er braucht dem anderen Menschen „nur“ Gelegenheit zu geben, jene alte Haltung wiederzufinden, die er als Baby oder als dreijähriges Kind schon hatte.

Seit ihm nämlich diese innere Grundhaltung abhandengekommen ist, steht er im Dilemma zwischen innerem Wunsch und ständiger Nicht-Erfüllung.

Oft werde ich gefragt, warum es so wichtig sein soll, zurückzufinden zur Neugier, Begeisterung und Lebenslust, die wir als Kinder einmal hatten. Es ist wieder der Gehirnforscher Gerald Hüther, der meinen Horizont erweitert und mich dabei an ein mir seit Jugendtagen vertrautes Bibelwort erinnert, das ich mir zur Zeit meiner Priesterweihe als Primizspruch wählte: „Aus seiner Fülle haben wir alle empfangen.“[14]
Der Mensch ist vom ersten Augenblick seines Lebens an ein „in Fülle“ Geborener. Wir kommen nicht als Mangelwesen auf die Welt, sondern alles, was uns in unserem späteren Leben einmal möglich sein wird, ist bereits zur Stunde unserer Geburt als Potenzial in uns angelegt. Darin erkennen auch die Neurologen eine weitere „frohe Botschaft“ ihrer Forschung. Demnach geht es im Verlauf einer therapeutischen Hilfe nicht in erster Linie darum, Patienten zu helfen, neu zu werden, sondern darum, ihnen zu helfen, wiederzufinden, was sie verloren haben oder, wie es im Englischen heißt, „to re-connect the dis-connected“ – wieder Zugang zu finden zu diesen Kräften, die am Anfang des Lebens schon da waren.
Im Lateinischen heißt dieser Wiederanbindungsprozess „religio“. „Religion“ hat demnach zuallererst damit zu tun, einem Menschen seine wahre Bestimmung, sein kreatürliches Potenzial in Erinnerung zu rufen, ihm wieder Zugang zu verschaffen zu seinen innersten Lebensgestaltungsmöglichkeiten und diese erreichbar zu halten. Wenn es bei einer erfolgreichen Therapie gelingt, einen Menschen tatsächlich zu berühren und seine innersten Kräfte und Sehnsüchte zu erreichen, erwacht in ihm wieder das Gefühl, dass das – in

welch bescheidenem Ausmaß auch immer – lebbar wird, wovon er als Kind schon geträumt hat. Therapie ist so verstanden ein Heilungsprozess, der aus dem Innersten des Geheilten selbst kommt.

Aber da tut sich im Blick auf die Zeit, in der wir leben, und auf die Menschen, mit denen wir unser Leben verbringen, eine eigenartige, aber auch logische, um nicht zu sagen „psycho-logische" Paradoxie auf: Wo es darum geht, wiederzuentdecken, was verloren gegangen sein mag, müssen wir manchmal und immer wieder auch vergessen können, was wir gefunden zu haben meinen. Es geht neben der Notwendigkeit des „re-connecting" immer auch und immer wieder um eine heilsame Art des „dis-connecting", um ein Abschalten- und Entspannen-Können, um das Zuklappen des Laptops, um Freizeit und Auszeit als Rastplatz für die Seele. Es geht – kulturell gesprochen – um das Gefälle der europäischen Kulturen, in deren Sprache dieser Unterschied, wie im Kapitel „Wie die Zeit vergeht" am Beispiel der „Frei-zeit" dargestellt, nachvollziehbar ist.

Begegnung auf Augenhöhe

Die Wünsche seines Herzens nimmt der durchschnittliche Zeitgenosse lange Zeit nicht ernst und in der Folge auch nicht mehr wahr und wundert sich dann, dass sie sich nicht ungestraft verleugnen lassen. Unerfüllte Herzenswünsche sind erfinderisch, und wenn sie keinen anderen Ausweg mehr finden, artikulieren sie sich als Krankheiten, die längst fällige Auszeiten einfordern. Dann ist er gut beraten, sich helfen zu lassen und zu seinen Herzenswünschen wieder zurückzufinden. Wenn er Glück hat, findet er dabei einen „supportive leader", wie Sokrates, den Weisen auf dem Marktplatz in Athen. Er ist für das abendländische Denken der grundlegendste griechische Philosoph, der Sohn eines Bildhauers und einer Hebamme. Tag für Tag soll er sich einfach, fast ärmlich gekleidet auf den Straßen und Plätzen Athens aufgehalten haben, umgeben von einer bunten Schar von Schülern. Er lehrte unentgeltlich und entwickelte eine Gesprächsmethode, die er „Mäeutik" („Hebammenkunst") nannte. Seine Kunst der Begegnung besteht in der Überzeugung, dass die Wahrheit dem Menschen nicht „hineingesagt", sondern „hebammengleich" aus ihm heraus „freigearbeitet" werden kann. Dabei setzt er wie der Wanderprediger aus Nazareth auf die Heilkraft des Vier-Augen-Prinzips. Es geht ihm nicht um Belehrung, sondern um Ermutigung in ausschließlicher Zuwendung dem Einzelnen gegenüber. Mit Akribie und Leidenschaft – so als gäbe es im Moment nichts Wichtigeres auf der Welt – versucht er, aus einem Menschen herauszuarbeiten, was dieser für ein gutes Leben braucht. Durch diese Erfahrung werden bisher überlagerte persönliche Kräfte im Menschen lebendig und können nach und nach beginnen, sich frei zu entfalten.

Nicht der Vortrag vor vielen, die Begegnung auf Augenhöhe ist es, die die Menschen fasziniert, verwandelt und erkennen lässt, dass sie die Antwort auf Fragen, die sie plagen, in sich selber tragen. Es gibt einen Platon zugeschriebenen Brief, in dem er von seinen Schülern gefragt wird, wie man aus der Schar der vielen Interessenten die zukünftigen Philosophen erkennen könne. Platons Rat an seine Schüler ist einfach: Fangt an, mit ihnen Gespräche zu führen. Diejenigen, die sich Notizen machen, schickt nach Hause, denn sie wollen Wissen als Besitz festhalten. Aus denen aber, die sich ins Gespräch vertiefen, die sich begeistern lassen und aus Begeis-

terung aufs Mitschreiben vergessen, aus diesen wachsen die Freunde der Weisheit.
Damit ich aber jemanden in dieser Weise einladen und ermutigen kann, brauche ich zweierlei: erstens Mut, den ich nur haben werde, wenn ich selbst daran glauben kann und davon überzeugt bin, dass das funktioniert. Und dann darf ich zweitens selber keine Angst haben. Nur so kann ich mit leidenschaftlichem Herzen als Elternteil, Erzieher, Lehrer und Therapeut die mir anvertrauten Menschen nicht nur einladen und ermutigen, sondern sie auch inspirieren und begeistern.

Wie schwierig das ist, erleben wir im Moment in vielen sozialen Berufen, wo der Druck aufgrund der Mittelkürzungen immer größer wird. Für Lehrer zum Beispiel ist vor diesem Hintergrund das Schaffen einer Atmosphäre der Neugier und des Interesses als Grundlage positiver Wissensvermittlung eine hohe Kunst, die viel Liebe und gute Nerven erfordert. Vor allem dann, wenn die Schüler meckern, die Eltern meutern und die Schulbehörde durch strenge administrative Vorschriften ihnen das Leben besonders schwer macht. Wie soll es da gelingen, ohne Angst, frei, mit Mut und Zuversicht das zu machen, was Lehrer machen müssten: nämlich Kinder einzuladen, sich nochmals als Entdecker und Gestalter auf den Weg zu machen, obwohl diese Kinder bis dahin oft schon schreckliche persönliche Erfahrungen gemacht haben. Sie scheinen ihr Gegenüber zu bitten: „Liebe mich, wenn ich es am wenigsten verdiene, weil ich es dann am meisten brauche!"

„Be-geist-erung" statt Verwaltungsgeist

So, wie die Haltung am Ende darüber bestimmt, wie und wofür ein Mensch sein Hirn benutzt, was er bedeutsam findet,

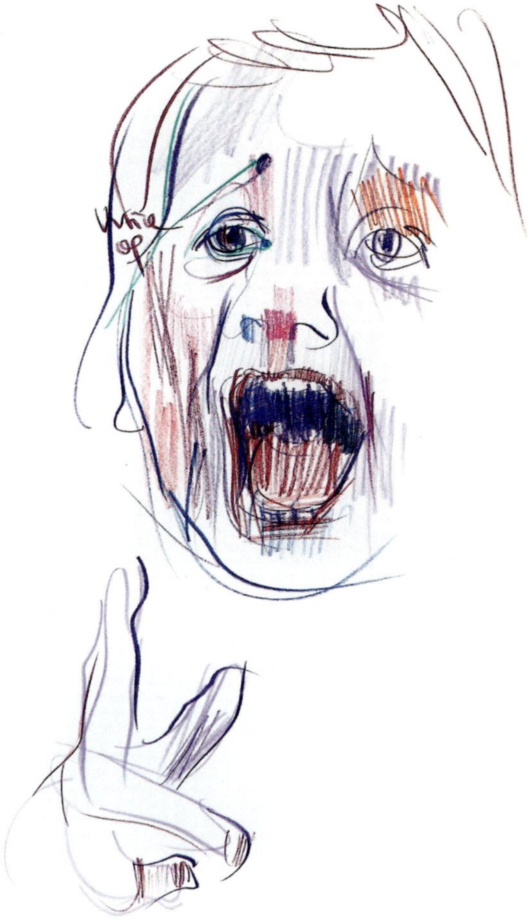

wofür er sich begeistert oder nicht – so bestimmt die Haltung auch die Strukturen, die im Hirn entstehen. Hier gibt es keine Trennlinie mehr zwischen Psychologie und Biologie, keinen unüberbrückbaren Unterschied mehr zwischen Geisteswissenschaft und Naturwissenschaft. Die Haltung ist etwas Psychisches. Die Strukturen, die dabei entstehen, sind etwas Biologisches. Erfahrungen werden im Hirn in Netzwerkstrukturen umgewandelt. Immaterielles verwandelt sich in Materielles. Und so wie die Haltung dafür verantwortlich ist, wie und wofür ein Mensch sein Hirn benutzt, so ist es der in einer Gruppe von Menschen herrschende Geist, der darüber bestimmt, welche Erfahrungen die Menschen machen können.

Wenn Gerald Hüther für einen Theologen zunächst etwas provokant darauf hinweist, dass es „Geist" nur in Gruppen und individuell betrachtet gar nicht gibt, muss ich an viele Streitgespräche während meiner theologischen Studienzeit denken. Bei der Frage, wie sich Menschen den „Heiligen Geist" vorstellen sollen, bin ich damals schon ohne Nachhilfeunterricht aus der Hirnforschung immer beim Begriff der Gemeinschaft als einzig plausibler Erklärung gelandet. Seither ist auch „Heiliger Geist" für mich ohne Gemeinschaft, in der er spürbar wird, nicht denkbar.

Geist gibt es in Gruppen. Geist gibt es in einer Familie, im Kindergarten, in der Schule, im Fußballverein, im Unternehmen, im Krankenhaus, in der politischen und religiösen Gemeinde. Alle diese Gruppen brauchen ihren ganz bestimmten Geist, denn ohne Geist gibt es keine Gemeinschaft! Geist ist das, was Menschen verbindet und was den Rahmen bietet für die Erfahrung, die sie in diesem System machen können. Wir sprechen deshalb ja auch vom „Familiengeist", vom „Gruppengeist", vom „Gemeinschaftsgeist", vom „Teamgeist" und der notwendigen „Be-geist-erung" der einzelnen

Gruppenmitglieder, die dafür Sorge tragen, dass heiliger, heilender, guter Geist in den Gruppen bleibt und sich dort ausbreitet.

Um diesen „guten Geist“ müssen sie sich täglich kümmern, und wenn das nicht passiert, dann verschwindet dieser gute Geist und auf dem leer gewordenen Platz zieht der „Verwaltungsgeist“ ein. Der Verwaltungsgeist nimmt dann nach und nach das System in Geiselhaft und bestimmt alles, was in der Gemeinschaft gemacht oder aber auch nicht mehr gemacht werden kann. Der Buchstabe des Gesetzes übernimmt das Kommando und der jetzt herrschende Geist gebiert als „Ungeist“ neue Haltungen, die einen Rückfall in die alte Ressourcenausnutzungsmentalität bedeuten. Statt Potenzialentfaltung der Mitglieder erfolgt die Bedürfnisbefriedigung einzelner Weniger, die es sich zu richten wissen. Was die Gruppenmitglieder dabei erleben, ist keine Ermutigung mehr, sondern das Erlebnis, „verwaltet“ zu werden.
Greifen wir das erwähnte Beispiel der Schule wieder auf: Aus dieser Erfahrung des „Verwaltet-Werdens“ entsteht dann eine Haltung aufseiten der Schüler, meint, dass es die Aufgabe des Lehrers sein muss, dafür zu sorgen, dass sie ohne Anstrengung möglichst schnell möglichst viel lernen. Oder es entsteht aufseiten der Lehrer und der Mitarbeiter in der Schule die Hoffnung auf das baldige Ende des Unterrichts als innere Haltung. Was dabei Lehrer und Schüler noch verbindet, ist die Hoffnung, dass sie bald nichts mehr miteinander verbindet! Zu guter Letzt passt dann der Ungeist, der eingezogen ist, zu den Haltungen, die er selbst erzeugt hat. Das ist ein systemisches Problem, das nur schwer wieder aufzulösen ist, weil die beiden Seiten sich gegenseitig stabilisieren. Und dann kommt ein neuer Chef und will alles anders machen, aber er beißt sich dabei die Zähne aus.

Von der Gunst und Ungunst der Stunde

Viele Visionäre und Lichtgestalten der Geschichte sind daran zerbrochen, dass sie zu schwach waren, für einen Geist zu sorgen, der ihren Visionen hätte Raum verschaffen können. So war zum Beispiel Papst Hadrian VI. (1459–1523) alles andere als ein schwacher Mann, aber leider war er nicht stark genug, seiner visionären Kraft zum Durchbruch zu verhelfen. Mit seinem Wunsch, Luthers Reformideen aufzugreifen und sich mit ihm zu versöhnen, scheiterte er. Die römische Kurie war stärker und so zerbrach er daran nach 12 Monaten seines Pontifikats. Für den Besucher seiner Grabstätte in der Kirche der deutschen katholischen Gemeinde Santa Maria dell' Anima unweit der Piazza Navona in Rom ist dieses geschichtliche Faktum pointiert formuliert in dem Satz zusammengefasst:

> *„Ach wie schade! Wie viel hängt doch davon ab, in welche Zeitumstände (= zeitgeistige Atmosphäre) die Kraft auch des besten Menschen fällt!"*

Zehn Gehminuten davon entfernt, im römischen Pantheon, befindet sich in einem antiken Sarkophag aus griechischem Marmor das Grab des Malers und Architekten Raffael (1483–1520), aus dessen Grabinschrift der Stolz seiner Zeitgenossen auf seine großen künstlerischen Leistungen abzulesen ist:

> *„Hier liegt Raffael, von dem die Natur zeit seines Lebens fürchtete, besiegt zu werden, und jetzt, da er gestorben ist, glaubt die Natur selbst sterben zu müssen."*

Alles was geschieht, ereignet sich in den Koordinaten von Zeit und Raum. Aber es ereignet sich auch in der Atmosphäre eines ganz bestimmten Geistes, der einlädt und beflügelt oder aber verhindert und zerstört und darüber entscheidet, ob die Koordinaten von Raum und Zeit auch zu Glückskoordinaten werden konnten.

Wo immer wir auch hinblicken: Es braucht Menschen, die in Gemeinschaften und Gruppen unterwegs sind, die Menschen ermutigen, sie einladen und inspirieren, das wiederzufinden, was sie verloren haben. Dabei kommt das in Gang, was wir „Selbstheilungskräfte" nennen. In der Tiefe seines Herzens weiß jeder Mensch, was ihm guttut, und dort weiß auch das Gehirn, was es tun muss, damit der Körper wieder gesund wird. Der Vorteil dieser Strategie besteht darin, dass sie ab sofort umsetzbar ist! Und wo wir auf Menschen treffen, die bei dem, was sie tun, von dem, was sie tun, überzeugt sind, spüren wir von Weitem den Duft der Geradlinigkeit und Echtheit im Sinne eines Satzes von Mahatma Gandhi, der christlichen Missionaren auf die Frage, was sie tun sollten, damit die Hindus die Bergpredigt verstünden, geantwortet haben soll: „Denken Sie an das Geheimnis der Rose! Alle mögen sie, weil sie duftet. Also duften Sie!"

Hans im Glück

MENSCHEN DABEI BEHILFLICH ZU SEIN, ihr Leben besser zu verstehen, ist mir zum „täglichen Brot“ geworden, das ist auch die Grundmelodie all meiner Vorträge und Seminare. Aber wenn ich ehrlich bin, muss ich mir eingestehen, dass ich in den meisten Fällen keine wirkliche Hilfe anzubieten habe. Ich erlebe mich im besten Fall als Suchenden, der nichts dagegen hat, dass er noch immer nicht angekommen ist und dass er zeitlebens wohl nie mit Sicherheit wissen wird, was Ankommen bedeutet. Glück und Sinn – die so oft gebrauchten Vokabeln – bleiben Vorgaben und leitende Ahnungen, nicht erfüllende Garantien. Ganz besonders diejenigen, die mir ungefragt sagen, dass sie gefunden hätten, sind mir verdächtig, weil sie mir in ihrem Sendungsbewusstsein so zu Herzen zu reden versuchen, als ob sie unrecht hätten. Was sie sagen, klingt nicht einladend, sondern bestimmend und hat einen bedrohlichen Unterton. Danach gefragt, wie man es fertigbringt, glücklich zu sein, muss ich die Antwort schuldig bleiben.

Diogenes von Sinope, der in der Mittagssonne mit der Laterne in der Hand auf der Suche nach einem Menschen über den Marktplatz geht, gibt die Richtung der Glückssuche vor. Auf der Suche nach dem Glück, davon ist er überzeugt, darf ein Mensch nicht am Menschen vorbeigehen, gleichzeitig aber darf er sich auch nicht in der Begegnung mit anderen verlieren und darüber seinen Weg vergessen. Wenn er Glück hat, findet er auf seinem Weg immer wieder einen Menschen, der sich ihm eine Wegstrecke weit als Mensch erweist.

Ein Märchen

Im Märchen „Hans im Glück" scheint das Leben ein großes Tauschgeschäft zu sein und Begegnung nur zum berechnenden Zweck des gegenseitigen Geschäftemachens stattzufinden. Zuletzt trifft Hans auf seiner Wanderung den Scherenschleifer. Der singt verlockend leicht ein Lied vor sich hin:

> *„Ich schleife die Schere und drehe geschwind und hänge mein Mäntelchen nach dem Wind."*[15]

> *„‚Euch geht's wohl', sagt Hans, ‚weil Ihr so lustig bei Eurem Schleifen seid'.*
> *‚Ja', antwortet der Scherenschleifer, ‚das Handwerk hat einen güldenen Boden.*
> *Ein rechter Schleifer ist ein Mann, der, sooft er in die Tasche greift, auch Geld darin findet. Aber wo habt Ihr die schöne Gans gekauft?'*
> *‚Die hab ich nicht gekauft, sondern für mein Schwein eingetauscht.'*
> *‚Und das Schwein?' – ‚Das hab ich für eine Kuh gekriegt.'*
> *‚Und die Kuh?' – ‚Die hab ich für ein Pferd bekommen.'*
> *‚Und das Pferd?'*
> *‚Dafür hab ich einen Klumpen Gold, so groß wie mein Kopf, gegeben.'*
> *‚Und das Gold?' – ‚Das war mein Lohn für sieben Jahre Dienst.'*
> *‚Ihr habt Euch jederzeit zu helfen gewusst', lobt und schmeichelt der Schleifer. ‚Könnt Ihr's nun dahin bringen, dass Ihr das Geld in der Tasche springen hört, wenn Ihr aufsteht, so habt Ihr Euer Glück gemacht.'*
> *‚Wie soll ich das anfangen?', fragt Hans.*

‚Ihr müsst ein Schleifer werden, wie ich; dazu gehört eigentlich nichts als ein Wetzstein, das andere findet sich schon von selbst. Da hab' ich einen, der ist zwar ein wenig schadhaft, dafür sollt Ihr mir aber auch weiter nichts als Eure Gans geben; wollt Ihr das?'

‚Wie könnt Ihr noch fragen', antwortet Hans, ‚ich werde ja zum glücklichsten Menschen auf Erden; habe ich Geld, sooft ich in die Tasche greife, was brauche ich da länger zu sorgen?'

Er reicht ihm die Gans und nimmt dafür den Wetzstein in Empfang. "[16]

Hans wandert weiter, aber bald leidet er unter dem Gewicht des Steines. Er kommt zu einem Brunnen, legt den Stein auf den Brunnenrand und will trinken; der Stein fällt ins Wasser. Von aller Last befreit, mit leeren Händen, aber überglücklich, kehrt Hans zu seiner Mutter zurück.

Wer ist dieser Hans?

„Wir sind alle kleine Sünderlein!", heißt es in einem Trinklied. Ist Hans ein solches „Sünderlein"? Ein Spieler? Ein liederlicher Mensch? Ein Taugenichts? Ob sich das deutsche Wort „Sünde" von „ab-sondern" herleitet, ist nicht eindeutig nachzuweisen, wäre vom Wortsinn her aber logisch. Ist Hans in diesem Sinn ein „Ab-Sonderling", der von einer Gelegenheit zur anderen hüpft und sich überall die vermeintlichen Rosinen aus dem Kuchen holt? Wenn sich das Tauschgut dann aber doch nicht als so süß wie vermutet erweist, entsorgt er seine Last einfach bei nächstbester Gelegenheit. Oder steckt ein vielleicht doch ein anderes Motiv hinter seinem Handeln? Wenn ihm zu guter Letzt nichts mehr bleibt und er mit leeren Händen dasteht: Schämt er sich dafür oder ist er stolz darauf, dass ihn nichts mehr belastet?

Karl Rahner hat „Sünde“ als „falsche Bescheidenheit“ beschrieben. Der „Sünder“ würde sich, sagt er, auf der Suche nach dem, wovon er seelisch leben kann, mit dem Nächstbesten begnügen, anstatt so lange weiterzusuchen, bis er gefunden hat, wonach er im Herzen Sehnsucht trägt. Wenn man an die Überzeugung von Joseph Beuys denkt, dass „jeder Mensch ein Künstler“ ist, dann hegt man keinen Zweifel daran, dass Hans zumindest einen Lebenskünstler ist, der im Leben auf nichts wartet, sondern die Gelegenheiten beim Schopf packt und das tut, worauf er im Moment Lust hat. Kein Zweifel, das geduldige (Er-)Warten-Können ist Hansens Sache nicht.
Aber egal aus welcher Perspektive man ihn auch betrachtet: Hans ist ein Suchender. Ein Skeptiker. Ein Suchender auf seinem Weg. Er versucht, sich in einer etwas wirren Welt zurechtzufinden, das Seine zu finden, zumindest etwas, das ihm entspricht, das für den Augenblick als die wichtigste Sache in seinem Leben gelten kann. Vielleicht liegt darin auch die tiefe implizite Pädagogik dieses Märchens.
Vielleicht will es nicht zu schnell verstanden werden, vielmehr dem Leser lediglich die Frage stellen, wie er denn in seinem eigenen Leben bis hierher gekommen und wie es ihm ergangen ist, was er denn bis jetzt erfahren, gefunden, wie bis jetzt gehandelt und verhandelt hat, welche Erlebnisse zu welchem Preis ihm unter die Haut gegangen sind, was er dabei aufs Spiel gesetzt und eingetauscht hat und von wem er dabei überrascht, beschenkt, getäuscht und enttäuscht worden sein mag.

Eines muss man dem Hans im Märchen zugestehen: Enttäuschung scheint er nicht zu kennen. Es gibt nichts, was ihn aus der Fassung bringen könnte, ja, er scheint sogar seine Freude daran zu haben. Eine Freude, die Wernfried R. Hübschmann in seinem Gedicht „Einverständnis"[17] beschreibt:

„Ich lasse mich gern
aus der Fassung bringen

denn immer gerate ich dann
in eine andere."

Wenn er die Fassung verliert, bekommt er Gelegenheit, sein wahres Gesicht zu zeigen und sich selbst besser kennenzulernen. Wenn er will, kann er dabei draufkommen, was an Verborgenem in ihm steckt. Und vielleicht hat Glück auch und vor allem damit zu tun, den Schatz, der in ihm darauf wartet, gehoben zu werden, endlich zu entdecken. Darum heißt es an den entscheidenden Stellen in allen Biografien großer Menschen, dass sie endlich finden, was sie suchen und die Glut unter der Asche zu neuem Feuer entfachen können. Alle großen Biografien leben aus der Kraft der Begeisterung ihrer Protagonisten. In der Sprache eines Indianerhäuptlings lautet ganz in diesem Sinne die Devise: „Wenn meine Krieger keinen Mut zum Träumen haben, dann haben sie auch keine Kraft zum Kämpfen."

Man erkennt in Hans aber auch einen Menschen, der sich auf seinem Weg ständig ablenken lässt, sich verirrt und als Suchender Entscheidungen trifft, die sich letztendlich als Fehlurteile herausstellen. Hans im Glück ist ein Kind seiner Zeit, vielleicht sogar der Prototyp des schon beschriebenen voraktivierten „Netzwerkers", der bei allem, was er tut, ausschließlich auf seinen Vorteil im Sinne von sofortiger Lustbefriedigung bedacht ist. Wenn das zutrifft, dann liegt die

Vermutung nahe, dass Hans immer noch sucht, wo es etwas gibt, was er sich zunutze machen und brauchen könnte. Und dann nutzt er es aus und verbraucht es zur Gänze, bis er zum Schluss mit leeren Händen und Taschen vor seiner Mutter steht.

Im Märchen treffen zunächst nur Menschen aufeinander, die sich an Schlauheit gegenseitig zu übertreffen versuchen und in Hans den nützlichen Idioten finden. Sie begegnen Hans nicht, sie treffen auf ihn. Das Wort „begegnen" gilt wohl am ehesten erst für das Heimkommen zur Mutter. Alle anderen Erfahrungen mit Menschen im Leben des Hans sind bestenfalls als „zufälliges Aufeinandertreffen" zu verstehen, deren unausgesprochene Hintergedanken entscheidender zu sein scheinen als die voreinander bekundeten Beteuerungen.
Sie suchen allesamt ausschließlich ihren Vorteil und kümmern sich nicht um den weiteren Weg des jeweils anderen. Wer aber immer nur haben will, was andere haben, wird nie genug kriegen und immer Mangel leiden. Getrieben von dem, was er nicht hat, nimmt er den anderen Menschen nicht als Mitmensch wahr, sondern als Steinbruch seiner Begierde. Er sucht, was dieser hätte, das er gebrauchen könnte. Mit dem Schlusssatz aus dem Gedicht von Georg Philipp Schmidt „Der Wanderer", das Franz Schubert vertont hat, lautet seine Devise: „Dort, wo du nicht bist, dort ist das Glück."

Der Mensch ist das Ziel

Der einzige Mensch, der Hans ohne Hintergedanken begegnet, ist seine Mutter. Sie erinnert im Märchen als stumme Zeugin daran, dass die beste Medizin für den Menschen der

Mensch ist. Einen solchen Menschen, der sich dem anderen Menschen als Mensch erweist, beschreibt Susanne Hennemann[18] in ihrem Gedicht:

„Ein Mensch

Da findet man einen Menschen
der ein Mensch ist
ein Mensch bleibt
und die Menschen für Menschen hält
weil er ein Mensch ist
Unfassbar
so ein Mensch"

Ein wahres Glück, dass zu guter Letzt Hans in seiner Mutter einem solchen Menschen begegnet. Er trifft in ihr das Glück in Person, Glück, das ihn ankommen, heimkommen, ausrasten lässt; Glück, das der Schriftsteller George Bernard Shaw als Stuhl beschreibt, der plötzlich dasteht, wenn er sich zwischen zwei andere setzen will.
Glück oder Zufall? Die Theologen nennen es „Gnade" – *gratia gratis data* – unverdiente, geschenkte Wirklichkeit, die niemals käuflich ist und daher auch nicht zum Resultat eines Tauschgeschäftes werden kann.

Damit landet man beim Versuch zu verstehen, was einem das Märchen sagen will, beim Kind, das man selbst einmal war, bei seiner Arglosigkeit, bei seiner eigenen bedingungslosen Offenheit und Neugier am Beginn des Lebens und mag nachdenklich darüber werden, wenn man den Weg bedenkt, den man schon hinter sich hat. Und vielleicht, so kommt einem eine noch ganz andere Deutung des Märchens in den Sinn, ist Hans auf allen seinen Wegen und durch alle Erfahrungen

eines langen Lebens hindurch ein solches Kind gewesen und geblieben und gerade deshalb im Glück?
In einer Welt allerdings, die sich dem Nutzen, dem Funktionieren und Entsprechen verschreibt, ist und bleibt ein solches Kind ein Narr, ein tumber Tor, der den Angeboten und Verlockungen der Welt mit Gleichmut begegnet und die Dinge, die das Leben angenehm machen, so haben kann, als hätte er sie nicht. Er nimmt die ihm gebotenen Möglichkeiten so an, dass er sie zu nutzen und zu gebrauchen weiß, sie aber dann auch wieder lassen kann, weil er sie, wie die Indianer sagen, „schon gehabt" hat. Er belastet sein Leben nicht mit Haben-Wollen und Mehr-haben-Wollen, weil er weiß, dass das letzte Hemd keine Taschen hat. Aus dieser Perspektive ist es dann am Ziel seines geglückten Weges die Mutter-Erde, in deren Schoß er reich an Erfahrung, aber unbeschwert von irdischen Gütern zurückkehren kann.

Fantasie: „Die Mutter aller Tugenden von morgen“

DER GRIECHISCHE MYTHOS erzählt vom jungen Herakles, der – noch unschlüssig darüber, welchen Lebensweg er wählen soll – sich an einen abgelegenen Ort zurückzieht, um in sich zu gehen und eine Entscheidung zu treffen. Da erscheinen ihm zwei Frauen – Tugend und Glückseligkeit –, eine schöner als die andere. Beide werben um seine Liebe. Hin- und hergerissen zwischen beiden muss er sich entscheiden. Die Glückseligkeit, von ihren Feinden auch Liederlichkeit genannt, fein herausgeputzt in prächtiger Kleidung, verspricht ihm das Blaue vom Himmel:

> *„Herakles, willst du nun mich zur Freundin wählen, so werde ich dich die angenehmste und gemächlichste Straße führen. Keine Lust sollst du ungekostet lassen, jede Unannehmlichkeit sollst du vermeiden. Um Kriege und Geschäfte hast du dich nicht zu bekümmern, darfst nur darauf bedacht sein, mit den köstlichsten Speisen und Getränken dich zu laben, deine Augen, deine Ohren und übrigen Sinne durch die angenehmsten Empfindungen zu ergötzen, auf einem weichen Lager zu schlafen und den Genuss all dieser Dinge dir ohne Mühe und Arbeit zu verschaffen.“*[19]

Die Tugend, schlicht gekleidet, zunächst bescheiden mit gesenktem Blick, stellt sich nicht vor Herakles hin, um ihn durch süßliche Lockrufe zu gewinnen, sie bäumt sich vor ihrer Rivalin auf und attackiert sie, in der Hoffnung, Herakles besser überzeugen zu können:

> *„Elende, wie kannst du etwas Gutes besitzen? Oder welches Vergnügen kennst du, die du jeder Lust durch Sättigung zuvorkommst? Du isst, ehe dich hungert, und trinkst, ehe dich dürstet. Um Esslust zu reizen, suchst du Köche auf. Um mit Lust zu trinken, schaffst du dir kostbare Weine an. Des Sommers gehst du umher und suchst nach Schnee. Kein Bett kann dir weich genug sein. Deine Freunde lässt du die Nacht durchprassen und den besten Teil des Tages verschlafen. Darum hüpfen sie auch sorglos und geputzt durch die Jugend dahin und schleppen sich mühselig und im Schmutz durch das Alter, beschämt über das, was sie getan, und fast erliegend unter der Last dessen, was sie tun müssen."*[20]

Nicht nur der griechische Held steht am Scheideweg. Die Wahl, vor der er steht, ist zunächst die zwischen einem mühelosen, schnell zu erreichenden, moralisch verwerflichen Weg und einem beschwerlichen, aber tugendhaften, langfristig beglückenden Lebensweg. Kein Wunder, dass dieses Thema zu allen Zeiten nicht nur Schriftsteller inspiriert. Albrecht Dürer zum Beispiel thematisiert dieses Motiv in seinem Gemälde „Die Eifersucht oder Herkules am Scheideweg" und Angelika Kauffmann legt in ihrem „Selbstbildnis am Scheideweg zwischen Musik und Malerei" den thematischen Schwerpunkt auf die Unentschiedenheit, die „zögerliche Attitüde", das persönliche „Hin-und-Hergerissen-Sein" an den entscheidenden Wegkreuzungen des Lebens.
Herakles entscheidet sich für den Weg der Tugend. Was aber hat es mit dieser Tugend auf sich? Kann er sich ein für alle Male für sie entscheiden und dann geruhsam ein geglücktes

Leben führen? Ist er auf seinem Lebensweg nicht tagtäglich vor neue Entscheidungen gestellt? Die Tugend scheint nicht der berechenbare Mittelweg zwischen Verzicht und Ekstase oder Vertröstung und Exzess zu sein. Tugend erfordert täglich neue Entscheidungen in den Fragen von Anstand und Moral.

Die immer noch nicht bewältigte Finanz- und Wirtschaftskrise zeigt uns das jeden Tag in drastischer Art und Weise. Sie ist nicht die schlimmste Krise, in der wir uns momentan befinden, sie ist nur die am deutlichsten sichtbare. Die Klimaerwärmung und die Ressourcenknappheit erscheinen als das viel bedrohlichere Szenario. Aber alle drei Krisenfelder nähren sich aus einer Wurzel, die mit hoher Wahrscheinlichkeit als das eigentliche Übel anzusehen ist: die auf allen Ebenen vorhandene, unstillbare Gier nach dem persönlichen Vorteil ohne Rücksicht auf die Konsequenzen für den Rest der Gesellschaft! Diese „Hinter-mir-die-Sintflut-Strategie" hat Jahre und Jahrzehnte hindurch ohne ethische Orientierung die Gewinnmaximierung als ausschließliches Leitmotiv ihres Handelns betrachtet.

„Verantwortung für das Gemeinwohl" oder „Solidarität" sind in diesem Zusammenhang höchstens Vokabeln für mild belächeltes „Gutmenschentum". Trotzdem braucht alles, was Menschen mit Menschen und für Menschen tun, Orientierung und Einordnung in das Ganze. Ohne diesen Blick aufs Ganze, ohne Verantwortungsgefühl für das Gemeinwohl, ohne Solidarität mögen einzelne Gruppen wachsen wie die Krebszellen, die zum Teil viel besser und schneller wachsen als normale Zellen, aber sie scheren aus dem Gesamtkontext aus, verlieren ihre Orientierung und führen ein Eigenleben. Auf Dauer führt das zum Tod des Organismus. Ähnliches passiert auch im menschlichen Miteinander. Wenn auf allen

Ebenen der Gesellschaft der Spekulant nur seinen alleinigen Vorteil sucht und die Formen der politischen Korruption zwar wechseln, aber überall anzutreffen sind, dann ist es nicht nur an der Zeit, nach vorbeugenden Gesetzen zu rufen, sondern nach Tugenden zu fragen, ohne die die Rede von Ethik und Moral nur heiße Luft bedeutet.
In diesem Sinn gibt es auch in Österreich seit ein paar Jahren – wohl auch aus den Erfahrungen mit der seit der Wirtschaftskrise wachsenden Wirtschaftskriminalität – das sogenannte „Verbandsverantwortlichengesetz". Es führt eine strafrechtliche Verantwortlichkeit von Verbänden ein, also von juristischen Personen sowie bestimmten Gesellschaften, insbesondere Personenhandelsgesellschaften, und zieht damit nicht nur handelnde Personen, sondern auch Verbände und Gesellschaften als Ganzes zur Verantwortung.

Die „heilige Trias" des Erich Fromm

„Was aber ist", fragte vor ein paar Monaten der Journalist Paul Lendvai[21], „wenn der Staat, wenn seine Träger selbst korrupt sind?" Wohin kommen wir, wenn jeder nur mehr an sich denkt und ich nur mehr an mich denke? Diese und andere grundsätzlichen Fragen stellt der deutsche Politologe Paul Noack schon in seiner 1985 veröffentlichten Studie „Korruption – die andere Seite der Macht". Die von ihm zitierten klassischen Analysen hätten durchaus auch heute noch Relevanz. Ebenso das bereits 1979 in deutscher Sprache erschienene Alterswerk von Erich Fromm „Haben oder Sein"[22], in dem der Autor nach den „seelischen Grundlagen einer neuen Gesellschaft" sucht und darüber nachdenkt, was es bedeutet, wenn jemand seine Lebenspraxis so sehr am Haben orientiert, dass ihm beim Wort „Vermögen" nur „Bares als Wahres" einfällt und er nicht im Traum daran denkt, dass damit ja auch und zuallererst das gemeint sein könnte, was Fromm als die psychischen Eigenkräfte des Menschen bezeichnet, deren heilige Trias er in *Liebe, Vernunft* und *produktivem Tun* sieht.

Dieses „Vermögen“ wollte Erich Fromm kurz vor Beginn unseres neuen Jahrtausends wieder in den Blick rücken. Wo das menschliche Sinnen und Trachten des Einzelnen nur ums Haben kreist, verliert die Gesellschaft ihre Seele und die innere Kraft. Und im Unterschied zu den Gegenständen des Habens werden die praktizierten Eigenkräfte des Menschen durch die Praxis nicht nur nicht aufgebraucht, sondern vermehrt.
Die Grundlagen für diese Überzeugung schöpft Erich Fromm aus den Schriften von Karl Marx und des mittelalterlichen Theologen Meister Eckart. Beide könnten auf den ersten Blick unterschiedlicher nicht sein. Aber beide schreiben und predigen aus einer Lebenspraxis heraus, bei der sie am eigenen Leib erfahren, dass das Leben erfüllter ist, sofern der Mensch nur auf die ihm eigenen Kräfte zur Einheitserfahrung von Liebe, Vernunft und produktivem Tun baut. Und sie erfahren, dass das Leben in Wirklichkeit leer, langweilig und unerfüllt bleibt, wenn der Mensch danach strebt, sein Leben nicht aus eigener Kraft zu leben, sondern versucht, es mithilfe von Surrogaten, Ersatzstücken und Krücken auszufüllen und sekundär anzureichern.

Für Erich Fromm ist die Notwendigkeit einer radikalen menschlichen Veränderung deshalb weder nur eine ethische oder religiöse Forderung, noch ausschließlich ein psychologisches Postulat, das sich aus der krankhaften Natur unserer gegenwärtigen Gesellschaft ergibt, sondern sie ist auch eine Voraussetzung für das nackte Überleben der Menschheit. Er schreibt dazu:

„Richtig leben heißt (für eine seelisch gesunde Gesellschaft in der Zukunft) nicht länger, nur ein ethisches oder religiöses Gebot zu erfüllen. Zum ersten Mal in der Geschichte hängt das physische Überleben der Menschheit von einer radikalen seelischen Veränderung des Menschen ab. Dieser Wandel im Herzen des Menschen ist jedoch nur in dem Maß möglich, in dem drastische ökonomische und soziale Veränderungen eintreten, die ihm die Chance geben, sich zu wandeln, und den Mut und die Vorstellungskraft, die er braucht, um diese Veränderung zu erreichen."[23]

Es gibt zwei Wege, dieses Postulat zu verwirklichen: einen, der eine neue Begründung für alte Werte liefert und dann einen, der die Notwendigkeit neuer Werte aufzeigt. Beide Wege setzen aber einen inneren Perspektivenwechsel voraus, der davon ausgeht, dass es, wie oben gezeigt, nicht genügt, das Verhalten zu ändern, sondern zuallererst das zu verändern, was unser Verhalten steuert. Das bedeutet, dafür Sorge zu tragen, dass die innere Haltung zum Garanten einer neuen Art von Nachhaltigkeit wird, wie das in einer Geschichte zum Ausdruck kommt, die von einem Großstadtbewohner und einem Indianer erzählt:
Die beiden gehen gemeinsam durch eine Stadt. Plötzlich bleibt der Indianer stehen und sagt: „Hör doch, da singt eine Grille!" – „Wie kannst du", wundert sich der Städter, „im Großstadtlärm eine Grille zirpen hören?" Im Weitergehen lässt der Indianer ein Geldstück fallen. Sofort dreht sich sein Begleiter um und sucht nach der Münze. „Wie kannst du", wundert sich der Indianer, „bei all dem Lärm ein einzelnes Geldstück fallen hören?"
Die Antwort ist einfach: Wir kommen, wohin wir schauen. Wir hören immer das, wonach wir im Herzen Sehnsucht tragen.

Was wir im Auge haben, das prägt uns, da hinein werden wir verwandelt. Unsere innere Haltung entscheidet über den Weg, den wir gehen, und die Urteile, die wir treffen.

Eine neue Begründung für alte Werte

Wenn heute in der Hoffnung auf ihre grenzüberschreitende Verbindlichkeit nach Werten gerufen wird, dann genügt es nicht mehr, vor den „sieben Todsünden“ zu warnen und diesen in Form der drei göttlichen Tugenden und der vier Kardinaltugenden eine andere Siebenzahl entgegenzuhalten. Völlerei, Wollust, Habsucht, Zorn, Neid, Trägheit und Hochmut werden nicht automatisch wettgemacht durch Glaube, Hoffnung, Liebe, Weisheit, Gerechtigkeit, Tapferkeit und Mäßigung.
Es sei denn, wir rechnen zu den sieben Tugenden noch eine achte Tugend dazu, die ich als aufmerksamer Besucher in der linken Seitenkapelle der Stadtpfarrkirche Murau auf evangelischen Wandmalereien aus der Renaissancezeit entdecken konnte. Dort findet sich neben den drei göttlichen Tugenden und den vier Kardinaltugenden auch das Glück. Als achte Tugend sorgt somit Fortuna als „Gleichmut gegenüber dem Willen Gottes“ rein numerisch für das Übergewicht auf der Waagschale zugunsten des Guten. Ein genialer, fantasievoller Schachzug, könnte man meinen, aber leider nicht gut genug, um angesichts der seelischen Not und Bedürftigkeit des Menschen in einer immer komplexeren Gesellschaft ein brauchbares Leitmotiv für konkretes Handeln anzubieten. Glück, das sich nicht als Roulette im Dienste des Zufalls, sondern als Gleichmut, als innere seelische Ausgeglichenheit beschreiben lässt, mag eine prinzipiell richtige Perspektive eröffnen, kann aber keinen Handlungsimperativ im Hier und Jetzt aufzeigen.

Dazu kommt, dass nirgends die Meinungsverschiedenheiten und die Widersprüche zwischen miteinander unverträglichen Standpunkten größer zu sein scheinen als in der Beurteilung von Werten und Handlungen bezüglich ihrer Richtigkeit und Moralität. Wird in diesem Zusammenhang von „Freiheit" geredet, wird sie oft nicht als „Freiheit aller" begriffen, sondern als „Freiheit von Auserwählten", die es sich zu „richten" wissen. Gerade deshalb muss in den verschiedenen historisch entstandenen Moralsystemen gefragt werden, ob sie sich nicht trotz aller inhaltlichen Differenzen doch allesamt auf einen formalen Grundsatz zurückführen lassen. Ein solcher Grundsatz, der auf die Bibel zurückgeht, ist die „goldene Regel": „Was du nicht willst, das man dir tu, das füg' auch keinem andern zu!"; oder positiv formuliert: „Behandle deine Mitmenschen so, wie du von ihnen behandelt werden willst." (Tobias 4,16; Matt. 7,12; Luk. 6,31) Oder in der rabbinischen Übersetzung des biblischen Liebesgebotes: „Liebe Deinen Nächsten, er ist wie Du!"

Diese Regel verlangt somit vor jeder konkreten Einzelentscheidung, dass sich der Mensch in die Lage des oder der von ihr Betroffenen versetzen soll, um zu prüfen, ob er die Entscheidung auch dann gutheißen könnte, wenn ein anderer sie fällen würde und er dadurch unmittelbar oder mittelbar davon betroffen wäre.
Die „goldene Regel" ist nicht selber eine moralische Norm, sondern soll als Maßstab von moralischen Normen fungieren, das heißt, sie schreibt nicht inhaltlich vor, was im Einzelnen getan werden soll; sie gebietet vielmehr rein formal, wie generell gehandelt werden muss, damit die Handlung als moralisch anerkannt werden kann.

Wer aus moralischer Kompetenz moralisch handelt, vermag

Rechenschaft abzulegen über die Gründe seines Tuns, wobei der letzte Grund aller Gründe die Freiheit ist, die sich um der Freiheit aller willen an Normen und Werte bindet, durch die der größtmögliche Freiheitsspielraum ermöglicht wird. Moralisch kompetent ist ein mündiger Mensch dann, wenn er seine Entscheidungen nicht nur gegenüber sich selbst, sondern auch gegenüber seinen Mitmenschen zu verantworten vermag.
Moralische Kompetenz und Verantwortung gehören deshalb untrennbar zusammen, sie sind die beiden Seiten einer Freiheit, die sich als Ethik versteht.

Freiheit, Ethik und Moral

Freiheit im Sinne von Ethik stellt sich freiwillig unter die Pflicht der Verantwortung und Rechtfertigung, denn auch wer guten Willens ist und moralische Kompetenz besitzt, ist nicht frei von Irrtum und Schuld. Wer sich aber die Ethik zum Prinzip seines Handelns macht, bekundet damit auch die Absicht, seine Handlungsstrukturen so durchsichtig wie möglich zu machen, um Irrtümern und Schuld möglichst wenig Raum zu geben.
Eine Erzählung aus China veranschaulicht, wie leicht Erwachsene von Kindern lernen können und wie leicht Kinder zu Erwachsenen werden, wie wichtig es also ist, Erwachsene nicht gegen Kinder und Kinder nicht gegen Erwachsene auszuspielen. Es gibt uns nur im Verbund und in der täglichen Bereitschaft, miteinander und voneinander zu lernen – auch und vor allem, wie man die Gier besiegt:

> *„Am Rande des Spielplatzes, wo die Kinder sich tummeln, fragt der Schüler den Meister: ‚Sage mir doch, wie*

es kommt, dass alle Menschen glücklich sein wollen und es doch nicht werden?' Der Meister zeigt auf die spielenden Kinder: ,Ich glaube, die da sind glücklich.' – ,Wie sollten sie nicht?' entgegnet der Schüler. ,Es sind Kinder, und sie spielen. Wie ist es aber um das Glück der Erwachsenen bestellt?' – ,Wie um das Glück der Kinder, genauso', entgegnet der Meister.
Indem er das sagt, wirft er eine Handvoll Kupfermünzen unter die spielenden Kinder. Da verstummt mit einem Mal das fröhliche Lachen, und die Kinder stürzen sich auf die Kupfermünzen. Sie liegen am Boden und raufen um ihren Besitz. Geschrei und Gezeter lösen das frohe Lachen ab. ,Und nun', fragt der Meister, ,was hat ihr Glück zerstört?' – ,Der Streit', erwidert der Schüler. ,Und wer erzeugte den Streit?' – ,Die Gier.' – ,Da hast du die Antwort auf deine Frage: Alle Menschen erfüllt die Sehnsucht nach dem Glück, aber die Gier in ihnen, es zu erjagen, bringt sie gerade um das, was sie sehnlichst wünschen.'"

Die Notwendigkeit neuer Werte

Dorothee Sölle ruft in ihrem kleinen Buch „Phantasie und Gehorsam"[24] zur Pflege der Fantasie auf, welche sie als „Mutter aller Tugenden von morgen" einer einseitigen und tödlichen Gehorsamsethik gegenüberstellt:
Gehorsam in dem Sinn, dass der Mensch eine bestehende Ordnung aufrechterhält, genügt nicht. Von ihm darf erwartet werden, dass er die Welt gestalten und kraft seiner Fantasie verändern will. In Wirklichkeit ist Fantasie eine Form der Freiheit, die ein Mensch in seinem Leben gewinnen kann. Sie entsteht, wie jede andere Tugend, als Frucht seiner Auseinandersetzung mit der Welt.

Jeder Mensch muss die Art dieser seiner Tugend aus seiner eigenen Situation heraus selber finden können, er muss Einfluss auf die Situation haben und sie mitbestimmen können, sonst wird er sich nicht frei fühlen und sich nicht frei entscheiden können. Jede gelebte Tugend setzt innere Freiheit voraus und lebt aus der Kraft der Spontaneität, mit der ein Mensch in seiner Welt dieser seiner Welt gegenüber Stellung bezieht und seinen Standpunkt vertritt.
Die psychische Grundlage so verstandener Tugenden ist dann nicht mehr der Gehorsam, der sich an Normen misst, der die Schwierigkeiten einer Situation auf sich nimmt, die Ordnung erhält und erträgt, was zu ertragen ist, sondern die Fantasie als Mutter der Tugenden von morgen. Der Gehorsam als Zentraltugend wird abgelöst. Ordnung, Pünktlichkeit, Sauberkeit, Sparsamkeit und Fleiß haben nur dort Sinn, wo sie im Dienst der Einfühlung in den anderen Menschen stehen. So ist ein ethisches System denkbar, in dem sich alle Tugenden auf Fantasie gründen.
Einige dieser neuen Tugenden, die gerade für eine neue Art weltweit vernetzten Zusammenlebens von Menschen wichtig werden, sind die Toleranz und der Humor, der gerechte Zorn (Mut statt Wut) und die Einfühlung, die Initiative und die Beharrlichkeit einer produktiven Vorstellungskraft. Solche Fantasie ist Fantasie der Hoffnung, die nichts und niemanden aufgibt und sich von den konkreten Rückschlägen nur zu neuen Erfindungen provozieren lässt. So verstandene Fantasie überschreitet Grenzen und bringt Menschen zueinander. Voraussetzung dafür sind ein leidenschaftliches Herz und die Bereitschaft, Fragen der Ethik und Moral nicht über Hochglanzbroschüren, sondern über konkret Erlebbares zu erörtern.

Higgelti Piggelti Pop!

Die gestaltende Kraft der Fantasie, die nicht zur Ruhe kommt, solange das Herz nicht hat, was es braucht, veranschaulicht „Higgelti Piggelti Pop!“, ein Kinderbuch von Maurice Sendak, das von der Hündin Jennie erzählt, die alles hat, was das Hundeleben angenehm macht. Sie schläft auf einem weichen Kissen und hat zwei Schüsseln für ihr Futter, außerdem besitzt sie einen eigenen Kamm und eine Bürste. Bei kaltem Wetter trägt sie einen Wollpullover. Darüber hinaus hat sie zwei Fenster zum Hinausschauen. Vor allem aber fühlt sie sich dort, wo sie ist, geliebt.
Doch in all dem findet die Hündin ihr Glück nicht. Um Mitternacht packt sie ihre Habseligkeiten und zieht aus. Die Topfpflanze stellt sie zur Rede:

> *„‚Du dummer Hund! Alles, was Du Dir wünschen kannst, hast Du! Vor allem aber hast Du jemanden, der Dich liebt. Warum also willst Du fort?‘ – ‚Das ist wahr‘, antwortet Jennie, ‚ich gehe, weil ich unzufrieden bin. Ich wünsche mir etwas, was ich nicht habe. Es muss im Leben noch mehr als alles geben!‘“*[25]

Die Unzufriedenheit von Jennie hat wohl damit zu tun, dass sie dem Reich der Dressur und des Gehorsams, dem gewohnten Einerlei des Alltags und seiner immer wiederkehrenden Ödnis zu entkommen sucht. Sie will das Gefühl haben, dass es unverwechselbar ihr eigenes Leben ist, mit dem sie sich von allen anderen unterscheidet. Mit dem Satz „Ich wünsche mir etwas, was ich nicht habe“, sagt sie im Grunde: „Ich wünsche mir etwas, was ich nicht nur habe, ich wünsche mir etwas, das mein Herz erreicht und es erfüllt.“

In diesem Sinn hat auch Viktor Frankl darauf hingewiesen, dass der Mensch immer mehr hat, wovon er leben, aber immer weniger, wofür er leben kann.

> *„Der kleine Wunsch dem größeren weicht,*
> *nie zieht ins Herz Genügen ein,*
> *und hast du je dein Glück erreicht,*
> *dann hört es auf, dein Glück zu sein*",

schreibt auch Kaiserin Elisabeth von Österreich in einem ihrer zahlreichen Versuche, wie ihr großes Vorbild Heinrich Heine zu dichten.[26]

Von seinen Wünschen hin und her geworfen muss der Mensch täglich neu mit der Kraft seiner Fantasie Entscheidungen treffen. Daraus ergibt sich, welche Werte er lebt, welche Tugenden sich als Basis seines Handelns in seinem Gehirn dabei herausbilden und verankern. Im Gehirn des Menschen regiert aber das Prinzip „use it or lose it": Entweder du gebrauchst, was du hast, oder aber du verlierst es. Innere Haltungen, Tugenden, Werte vermehren sich durch den Gebrauch, sie verstauben, verkommen zum Lippenbekenntnis und verlieren sich, wenn sie nicht praktiziert werden.

Innere Freiheit als höchste Tugend

FJODOR DOSTOJEWSKI ERZÄHLT in seinem Roman „Die Brüder Karamasow" von den beiden getrennt aufgewachsenen Brüdern Iwan und Aljoscha. Sie treffen einander (für beide ungewöhnlich) in einer Kneipe und lernen einander hier erstmals im Gespräch näher kennen. Unweigerlich kommen sie auf Gott zu sprechen.

Iwan, ungebunden und frei, ist der ungläubige Thomas, voll Zweifel und Zorn.

Aljoscha, freiwillig gebunden, hat seine Seele dem Herrn geschenkt. Er gemahnt Iwan, dass Gott alles verzeihen könne, da Er sein unschuldiges Blut für alle und alles gegeben hat. Hier beschließt Iwan, im fünften Kapitel des 5. Buches, Aljoscha eine Geschichte zu erzählen, die er voller Begeisterung ersonnen, doch nie aufgeschrieben im Gedächtnis mit sich trägt: Sein Poem heißt „Der Großinquisitor" [27] und ist, wie er im leicht betrunkenen Zustand sagt, abgeschmacktes Zeug, doch er möchte es gerne zum ersten Mal jemandem mitteilen.

In dieser Geschichte kommt Jesus für einen Augenblick wieder auf die Erde. Im 16. Jahrhundert, mitten in Sevilla. Soeben sind hundert Häretiker qualvoll hingerichtet worden. Da tritt ein Mann auf. Obwohl er kein Wort spricht, wird er von allen erkannt. Er, der schon vor sechzehnhundert Jahren auf Erden wandelte und von dem wie damals so auch jetzt eine heilende Kraft ausgeht, die, wie in biblischen Zeiten, ein totes Mädchen wieder zum Leben erweckt. In diesem Mo-

ment überquert der Kardinal Großinquisitor den Platz. Er, der Mächtige, sieht Jesus und lässt ihn sofort verhaften.
Ein großartiges Szenario im Widerstreit von Charisma und Macht. Der Mächtige erträgt es nicht, mitansehen zu müssen, wie ein stummer, vermeintlich harmlos ohnmächtiger Mann Macht über die Herzen der Menschen gewinnt: Um Mitternacht besucht der Großinquisitor seinen Gefangenen im Kerker zum Verhör. Er erklärt ihm, dass er kein Recht habe, auf die Erde zurückzukommen und die Ordnung, welche die Kirche in über tausend Jahren errichtet habe, zu stören. Aus dem Munde des Kardinals erfährt er auch den Grund dafür: Er, Jesus, hätte bereits alles gesagt, seine Lehre ist verbreitet und nun wäre es die Aufgabe der Institution, den Menschen das hohe Erbgut, den Schatz des Glaubens, in für die schwachen Menschen verständlicher Form zu bewahren. Denn das sei das Schlimmste und Gefährlichste dieses Jesus damals in Nazareth gewesen. Er hätte ahnungslosen und unverständigen Menschen, die nicht in der Lage seien, persönliche Entscheidungen zu treffen, von der Freiheit gesprochen. Diese Freiheit den Menschen zu ihrem eigenen Wohl wieder wegzunehmen, das wäre eine der wesentlichsten und schwierigsten Aufgaben der Kirche. Als der Kardinal mit seinen Ausführungen fertig ist, möchte er von Jesus eine Antwort. Aber Jesus schweigt zu alledem:

> *„Sein Schweigen bedrückt ihn. Er hat gesehen, dass sein Gefangener ihm die ganze Zeit still und aufmerksam lauschte, ihm dabei offen in die Augen sah und anscheinend nichts einwenden wollte. Der Greis möchte, dass Er ihm etwas sage, irgendetwas, mag es auch Bitteres, Furchtbares sein. Doch Er tritt stumm auf den Greis zu und küsst ihn sacht auf die blutleeren neunzigjährigen Lippen. Das ist die ganze Antwort. Der Greis erzittert.*

Etwas zuckt in seinen Mundwinkeln; er geht zur Tür, öffnet sie und spricht zu ihm: ‚Geh, und kehr nie wieder … kehr überhaupt nicht wieder … niemals, niemals.' Und er lässt ihn hinaus auf die ‚finsteren Gassen der Stadt'. Der Gefangene geht fort."[28]

Der durch den wortlosen Jesus fassungslos gewordene Großinquisitor lässt mich an ein Gedicht von Christa Reinig denken: „Die Prüfung des Lächlers":[29]

„für meine mutter,
die dem lächler das haupt gehalten hat.

als ihm die luft wegblieb, hat er gelächelt
da hat sein feind ihm kühlung zugefächelt
er lächelte, als er zu eis gefror
der feind rückt ihm die bank ans ofenrohr

er lächelte auch, als man ihn bespuckte
und als er brei aus kuhmist schluckte
er lächelte, als man ihn fester schnürte
und er am hals die klinge spürte

doch als man ihm nach einem wuchtigen tritt
die lippen rundum von den zähnen schnitt
sah man ihn an, erst ratlos, dann erstarrt
wie er im lächeln unentwegt verharrt."

Dieses lakonische Gedicht, mit grellen Aufrissen, mit einprägsamen, suggestiven Reimen, in den 1950er-Jahren entstanden, zeigt einen Menschen, der lächelt über die Welt, über die Feinde, über sich selbst, einen, der rätselhaft lächelt – und dem dieses Lächeln auch in der Tortur nicht weggenommen werden kann …

Das erzählte Ereignis ist zeitlos und konkret zugleich. Wir können es philosophisch-theologisch und/oder politisch verstehen und deuten. Unverrückbare Überzeugung und Glaubenstreue sind daraus genauso zu lesen wie die innere Logik des Sieges von David über Goliath oder die steinaushöhlende Kraft des Wassers. In jedem Fall aber finden wir im Lächeln hier wie im Schweigen dort den innersten unüberwindbaren Rest persönlicher Freiheit, die auch grausamster Tyrannei die Stirn zu bieten vermag und sich dem letzten Zugriff verwehrt.

Innere Freiheit ist innere Stärke

Erst von daher ist mir jene Betroffenheit verstehbar, die, übers Literarische hinaus ins Biografische und Nacherlebbare reicht. Dabei muss ich an die russische Journalistin Natascha Estemirowa denken, die sich mit leiser Stimme, aber eisernem Willen in Tschetschenien für die Menschenrechte einsetzte. Am 15. Juli 2009 um 17.20 Uhr Ortszeit wird ihr Leichnam gefunden. Ein Kollege schildert sie als große, zarte und zerbrechlich wirkende Frau. Trotz aller Anfeindungen bleibt sie bis zuletzt in Grosny. Über ihr Leben in der vom Krieg in jeder Hinsicht zerstörten Stadt sagte sie: „Die einzige Freiheit ist die innere Freiheit.“[30]

Diese „innere Freiheit“ muss erkämpft, um sie muss täglich gerungen werden. Sie ist in allen menschlichen Begegnungen das Leitmotiv, das über erfülltes Leben entscheidet. Innere Freiheit ist die wichtigste Tugend, ohne die es kein erfülltes Leben geben kann. Das widerlegt nicht, bestätigt vielmehr Viktor E. Frankl, wenn er sagt:

> *„Frei sein ist wenig, ist nichts – ohne ein Wozu. Aber auch verantwortlich sein ist noch nicht alles – ohne ein Wovor.“*[31]

Das führt mich immer wieder zur Gretchenfrage, wie ich es denn mit der Religion halte. Immer wichtiger erscheint mir mit den Jahren diese Frage. In meiner Praxis kommen Patienten fast täglich darauf zu sprechen. Sie wollen nicht in erster Linie wissen, ob ich gläubig bin, sie teilen mir lediglich mit, dass ihre Wahl des Therapeuten auch mit meiner früheren Arbeit als Seelsorger zu tun hat, in der Hoffnung, hier ohne Angst auch über den persönlichen Glauben reden zu dürfen.

Ich selbst spüre in solchen Situationen ein stilles Heimweh nach dem inneren Glücksgefühl, mit dem ich als Kind und Jugendlicher ganz allein in Kirchen sitze und in einer geradezu naiven Selbstverständlichkeit mit Gott Zwiesprache halte und dabei die innere Stimme in einer Deutlichkeit vernehme wie sonst nirgends. Davon kann ich heute nur mehr träumen. Meine Zwiesprache mit Gott hat zwar nie aufgehört, sie ist aber deutlich seltener geworden und findet jetzt in einem anderen Grundton statt, vom dem einige meiner Freunde – wollte ich ihnen davon berichten – sagen würden, dass es sich einfach um Selbstgespräche handelt. Aus Kirchen als Orte solcher Erlebnisse sind Wege geworden, die ich gerne allein und höchstens zu zweit gehe.

Aus der damaligen Demut und Ergebenheit sind Mut, Neugier und Unerschrockenheit gewachsen. Die Frucht dieser anderen Art des „Sich-geborgen-und-getragen-Wissens" merke ich im Gefühl, nicht ausgeschlossen, nicht bindungslos, sondern eingebettet zu sein in Zusammenhänge, deren Kenntnis ich dem Vertrauen vieler Menschen verdanke. In der Tiefe meines Herzens weiß ich mich behütet und getragen, aber auch bereit, Antwort zu geben und im Begleiten von Menschen Verantwortung zu übernehmen, weil ich überzeugt davon bin, dass Religion ihre innerste Bestimmung darin findet, einem Menschen zu helfen, wieder in die Kraft zu kommen und seinen innersten lebendigen Kern wiederzufinden.

Darum muss die Rede von Gott immer auch ein leidenschaftliches Plädoyer für den Menschen sein. Die Gottesfrage ruft nach dem nahen und fernen Mitmenschen, nach Solidarität und Gemeinschaft. Auch der biblische Befund belegt das eindrucksvoll. Die zentrale Stelle dafür findet sich im Buch Exodus. Jahwe spricht zu Mose:

> *„Ich habe das Elend meines Volkes in Ägypten gesehen, und ihre laute Klage über ihre Antreiber habe ich gehört. Ich kenne ihr Leid. Ich bin herabgestiegen, um sie der Hand der Ägypter zu entreißen und aus jenem Land hinaufzuführen in ein schönes, weites Land, in ein Land, in dem Milch und Honig fließen … Jetzt ist die laute Klage der Israeliten zu mir geklungen, und ich habe auch gesehen, wie die Ägypter sie unterdrücken. Und jetzt geh! Ich sende dich zum Pharao. Führe mein Volk, die Israeliten, aus Ägypten heraus!"*[32]

So sehr Mose auf diese innere Stimme hört und sich gesandt weiß, weiß er auch, dass ihn das Kopf und Kragen kosten kann. Daher antwortet er kleinlaut: „Wer bin ich, dass ich zum Pharao gehen und die Israeliten von Ägypten herausführen könnte?" Jahwe aber sagt ihm: „Ich bin mit dir! Ich bin der Ich-bin-da."[33] Mit dieser Zusage weiß Mose sich nicht mehr als aussichtsloser Einzelkämpfer. Wenn er jetzt vor den Pharao hintritt und von Gott spricht, dann wird durch seinen Mut der Name Jahwes zur Anwaltschaft für die Not der Menschen. Mit dieser in der Bibel einzigartigen Selbstdefinition bleibt im Judentum und Christentum die Gottesfrage an die Menschenfrage gebunden.

Kind bis ins hohe Alter

„JEDER WILL ALT WERDEN, niemand will alt sein!" Dass dieses Sprichwort immer noch gilt, hat auch damit zu tun, dass die unglaublichen Fortschritte in der Medizin zwar ein wesentlich höheres Alter ermöglichen, dabei aber nicht automatisch auch erhöhte Lebensqualität garantieren. Es geht also nicht um Lebensverlängerung, sondern um die Erhöhung beziehungsweise um die Erhaltung der Lebensqualität. In unzähligen Vorträgen hat schon Erwin Ringel immer wieder darauf hingewiesen, dass darin eines der wesentlichen Verantwortungsfelder der Medizin bestünde. Sie müsste, so Ringel, den Menschen als Patienten „wahr-nehmen", ihn nicht als „Fall" abhandeln, sondern sein Leben und dessen Grundbedingungen als Wahrheit schätzen.

Dem alten Menschen schreiben wir Dinge zu, die auf den ersten Blick problematisch erscheinen, die aber dafür verantwortlich sind, dass die Lebensqualität eines Menschen „stimmt". Ob das der Fall ist, hängt aber in erster Linie nicht von den äußeren Umständen alleine ab, sondern auch von der Blickrichtung, aus der wir sie betrachten: Knut Hamsun (1859–1952), der norwegische Schriftsteller, hat gesagt: „Das Alter macht alt, sonst nichts. Wenn man dir etwas anderes einreden will, glaube es nicht!"[34] Eine Stellungnahme, die wohl durch den Pessimismus des großen Erzählers geformt ist. Demgegenüber sagen die Italiener sinngemäß: Das Alter kann zur Transparenz des Lichtes werden. Das heißt: Niemals bist du so durchsichtig und klar, wie gerade im Alter. Am schönsten beschreibt es Karl Lappe in seinem Gedicht

„Im Abendrot“[35], wunderbar vertont von Franz Schubert. Erwin Ringel hat die Melodie ein paar Stunden vor seinem Tod im Sommer 1994 auf seinem Urlaubsbalkon bei untergehender Sonne vor sich hin gesummt:

„O wie schön ist deine Welt,
Vater, wenn sie golden strahlet!
Wenn dein Glanz herniederfällt
und den Staub mit Schimmer malet,
wenn das Rot, das in der Wolke blinkt,
in mein stilles Fenster sinkt!

Könnt' ich klagen, könnt' ich zagen?
Irre sein an dir und mir?
Nein, ich will im Busen tragen
deinen Himmel schon allhier,
und dies Herz, eh es zusammenbricht,
trinkt noch Glut und schlürft noch Licht.“

Das sind die zwei Standpunkte, die miteinander im Streit liegen: eine dankbare, positive Sicht gegen eine angstbesetzte, negative Sichtweise. Wer hat recht? Beide, weil beides möglich ist.

Anhand von fünf Entwicklungen, die wir dem Alter zuordnen, kann dieses „Hin und Her“ kurz skizziert werden:

1. Der alte Mensch wird starrer, er verliert an Mobilität, er wird festgefahrener, einseitiger, er weicht nicht mehr von dem ab, was er denkt.
2. Es tritt eine Reduktion der körperlichen wie seelischen Elastizität ein und eine gewisse Verlangsamung aller Leistungen.
3. Es fällt dem alten Menschen ausgesprochen schwer, neue Beziehungen anzuknüpfen.

4. Beim alten Menschen findet sich eine Tendenz zur Regression; er wird oft kindisch und wendet sich, dem Säugling ähnlich, besonders der Beschäftigung mit seinem eigenen Körper zu.
5. Der alte Mensch kehrt sich ab von der Zukunft, die für ihn nur Abstieg und Tod bedeutet, und auch von der Gegenwart, die für ihn durch Krankheit, Unsicherheit sowie durch die Angst, von der Jugend verdrängt zu werden, entwertet erscheint. Stattdessen richtet sich sein Blick immer mehr in die Vergangenheit, in eine Zeit, in der er noch ganz „auf der Höhe der Zeit“ war. Dementsprechend erscheint diese Zeit in einem rosigen Licht, sie wird zur „guten, alten Zeit“ verklärt. Diese Rückwendung zur Vergangenheit ist auch neben den psychologischen Ursachen physiologisch bedingt, denn das Gedächtnis, besonders das Frischgedächtnis, lässt nach, während das Altgedächtnis noch erstaunlich gut funktioniert.

Bei diesen fünf Punkten handelt es sich um mögliche und häufige, aber durchaus nicht zwanghaft unvermeidliche Reaktionen der Persönlichkeit auf die Tatsache des Alterns. Das Wesen des Alters mag zu diesen Haltungen verleiten beziehungsweise sie nahelegen, aber der Mensch kann sie überwinden, er kann das gerade Gegenteil durch die Auseinandersetzung mit diesen fünf Punkten erreichen und damit dem Alter positive Seiten abgewinnen.

Begeisterung hält jung

Das alles aber will kein genereller Befund sein. Für jeden einzelnen Menschen bedeutet das Erleben des Altwerdens etwas ganz individuell Persönliches. Gerade die neuesten Erkenntnisse der Gehirnforschung machen hier Mut und zeigen: Das menschliche Gehirn ist und bleibt ein Leben lang plastisch, es wird so, wie wir es benutzen, und ganz besonders so, wie und wofür wir es mit Begeisterung benutzen. Zur Bestätigung dafür muss ich hier an einen Satz von Albert Schweitzer denken, der meint, dass die Haut mit den Jahren Runzeln bekommt und die Seele eines Menschen mit dem Verzicht auf Begeisterung zu runzeln beginnt.

Niemand zweifelt daran, dass ein Achtzigjähriger noch Chinesisch lernen kann, aber in irgendeiner Volkshochschule wird es schwer gelingen, es sei denn, er lernt eine Chinesin kennen, mit der er nach Mittelchina zieht, um dort mit ihr seinen Lebensabend zu verbringen. Alles was ein Mensch mit der Begeisterung seines Herzens tut, kann ihm bis ins hohe Alter gelingen. Auch im Alter misst sich Lebensqualität daran, was der alte Mensch in den Blick nimmt und wofür er sich wie damals als Kind noch begeistern kann. Er kommt dorthin, wohin er schaut. Was er anschaut, da hinein wird er auch verwandelt!

Dass der alte Mensch mit Vorliebe an alten, konservativen und fundamentalistischen Ideen festhält, wird ihm gerne und oft allzu leicht nachgesagt. Darum verlangt jede Begegnung mit dem alten Menschen nach einer eingehenden Prüfung, nicht selten mit dem überraschenden Ergebnis, dass der Prüfer sich älter vorkommen muss als der Geprüfte. Dazu kommt der große Erfahrungsschatz des alten Menschen, der ihm nicht nur eine starke Bindung an die Tradition, sondern auch einen besseren Überblick und heitere Gelassenheit ermöglicht. Aber was hätten alle diese Vorzüge für einen Sinn, wenn sie nicht benützt würden zu einer echten, unvoreingenommenen Auseinandersetzung auch mit dem Neuen? Der alte Mensch ist durchaus fähig, Neues aufzunehmen und dadurch seine Lebensqualität zu erhalten.

Im Blick auf Mutter Teresa ruft Papst Johannes Paul II. während einer Audienz am Petersplatz in Rom in die Menge: „Seht sie Euch an, sie ist jünger als wir alle zusammen!" Und Kardinal Franz König ruft 2002 als 97-Jähriger in meiner psychotherapeutischen Praxis in Wien an, um Rat zu erbitten für einen Artikel, den er über Probleme der Seelsorge in der Großstadt zu schreiben gedenkt. Und als er sich bei der Laudatio einer Geburtstagsfeier entschuldigen lässt, denken alle Gäste verständnisvoll an sein hohes Alter, bis sie erfahren müssen, dass der wahre Grund seiner Abwesenheit ein Vortrag ist, den er zur selben Zeit in den USA zu halten hat.

„Lebensqualität" besteht in diesem Zusammenhang darin, auch und gerade im Alter den Kontakt zur Umwelt und zu den Mitmenschen nicht zu verlieren. Und wenn der alte Mensch „auf der Höhe seiner Zeit" ist, wenn er „auf dem Laufenden" bleibt, dann setzt er damit seine persönlichen Überzeugungen einer ständigen Konfrontation aus, überprüft sie, ob sie den Anfragen noch standhalten oder ob eine neue Sichtweise nicht einen größeren Horizont freigeben könnte. Ein Grundsatz der Scholastik lautet: „Non nova, sed noviter." Es geht demnach nicht darum, Neues zu erfinden, sondern das, was da ist, in immer wieder neuer Weise in den Blick zu nehmen. Daraus ergibt sich, was wir die „Weisheit des Alters" oder „authentische Persönlichkeit" nennen oder auch, was ein Märchen die Wirklichkeit eines Menschen nennt, das also, was „wirkt", weil es „wirklich"[36] ist.

Was ist wirklich?

Das Holzpferd, so heißt es in einer Geschichte, lebt länger in dem Kinderzimmer als irgendjemand sonst. Es ist so alt, dass sein brauner Stoffbezug ganz abgeschabt ist und eine ganze Reihe Löcher zeigt. Die meisten seiner Schwanzhaare wurden herausgezogen, um Perlschnüre auf sie aufzuziehen. Es ist in Ehren alt geworden …

„Was ist wirklich", fragt eines Tages der Stoffhase, als sie Seite an Seite in der Nähe des Laufställchens liegen, noch bevor das Mädchen hereinkommt, um aufzuräumen. „Bedeutet es, Dinge in sich zu haben, die summen und mit einem Griff ausgestattet zu sein?" „Wirklich", antwortet das Holzpferd, „ist nicht, wie man gemacht ist. Es ist etwas, was an einem geschieht. Wenn ein Kind dich liebt für eine lange, lange Zeit, nicht nur, um mit dir zu spielen, sondern dich wirklich liebt, dann wirst du wirklich."

„Tut es weh?", fragt der Hase. „Manchmal", antwortet das Holzpferd, denn es sagt immer die Wahrheit. „Wenn du wirklich bist, dann hast du nichts dagegen, dass es weh tut." – „Geschieht es auf einmal, so wie wenn man aufgezogen wird", fragt der Stoffhase wieder, „oder nach und nach?" – „Es geschieht nicht auf einmal", sagt das Holzpferd. „Du wirst. Es dauert lange. Das ist der Grund, warum es nicht oft an denen geschieht, die leicht brechen oder scharfe Kanten haben oder die schön gehalten werden müssen. Im Allgemeinen sind zu der Zeit, da du wirklich sein wirst, die meisten Haare verschwunden, deine Augen ausgefallen und du bist wackelig in den Gelenken und sehr hässlich. Aber diese Dinge sind überhaupt nicht wichtig, denn wenn du wirklich bist, kannst du nicht hässlich sein, ausgenommen in den Augen von Leuten, die überhaupt keine Ahnung haben." – „Ich glaube, du bist wirklich", meint der Stoffhase. Und dann wünscht er sich, er hätte das nicht gesagt – das Holzpferd könnte empfindlich sein. Aber das Holzpferd lächelt nur …

Am Ende des vergangenen Jahrhunderts entsteht das Schlagwort von „den großen alten Männern“, weil tatsächlich die Politik von Menschen in hohem Lebensalter geprägt wurde: Mahatma Gandhi, Charles de Gaulle, Konrad Adenauer, Kardinal Franz König ... Voraussetzung dafür ist eben jene Fähigkeit, Lebenserfahrung mit Offenheit gegenüber der Welt und ihren neuen Anforderungen zu verbinden.

In einem afrikanischen Märchen setzt der König einen alten Mann zum 1. Minister ein und sagt zu ihm: „Deine Weisheit soll künftig mein Königreich leiten, denn was ein alter Mann im Sitzen sieht, sieht ein junger nicht einmal im Stehen.“

Den Tag nützen

Ein Merkmal des älteren Menschen ist die Reduktion der körperlichen und seelischen Elastizität und die Verlangsamung aller Leistungen. Sie ist identisch mit einer geringeren Palette von möglichen Reaktionen und auch mit einer verzögerten Reaktionstendenz, welche im Negativen zu einem Leistungsabfall führen kann. Im Positiven aber gewinnt der Mensch auch einen größeren Abstand zu den verschiedenen Problemen, vor die er sich gestellt sieht.
Dort, wo der junge Mensch sich von seinen ungezügelten Kräften und Emotionen gedrängt und getrieben fühlt zu raschen, unüberlegten, oft kurzschlussartigen Reaktionen, kann der alte Mensch eher seine Ruhe und seine innere Balance, sein Gleichgewicht bewahren und reagiert oft langsamer, dafür aber auch vorsichtiger und verantwortungsbewusster.

In traditioneller Denkweise haben wir früher der Jugend das Lernen, dem mittleren Lebensalter die Arbeit und dem Alter die verdiente Ruhe und Erholung zugestanden. Aus moderner, neuroökonomischer Sicht aber wissen wir heute: Wenn wir in einem geglückten Leben gesund bleiben wollen, müssen wir in allen drei Perioden zur Sicherung unserer Lebensqualität lernen, arbeiten und die Kunst beherrschen, Pausen einzulegen. Wer lernt, verrichtet auch Arbeit und braucht Erholung. Wer arbeitet, darf nicht aufhören zu lernen und sich zu erholen. Und so wäre es geradezu verhängnisvoll, wenn wir im Alter nicht bereit wären, weiter zu arbeiten und weiter zu lernen.

Was die verminderte Tendenz alter Menschen betrifft, neue Beziehungen anzuknüpfen, so wird im Unterschied dazu bei jungen Menschen deutlich, wie locker und leicht sie Beziehungen zu knüpfen vermögen. Aber auf viele Menschen verteilt beansprucht das eine Kraft, die auch junge Menschen manchmal dramatisch überfordert. Auch Facebook-Freundschaften wollen gepflegt werden. Demgegenüber erscheinen Beziehungen älterer Menschen rarer, dafür aber kostbarer und intensiver. Eine besondere Spezies bilden hier Menschen mit Torschlusspanik, die mit aller Kraft gegen ihr Alter nach der Devise zu arbeiten scheinen „Ich will in meinem Alter nicht in meinem Alter sein, will noch schlürfen von dem reichen Elixier", wie es in einem Lied von Barbara Stromberger heißt.

Genau das ist die Situation des alten Menschen: Weil sich seine Fähigkeit zum Eingehen neuer Beziehungen reduziert, fühlt er sich umso mehr zu jenen Menschen hingezogen, mit denen er durch viele Jahre verbunden ist. Eine Liebesbeziehung im Alter erreicht so, was ihren inneren Stellenwert anlangt, immer wieder ungeahnte Höhepunkte. Für sie gilt nicht mehr das Gesetz der jugendlichen Auswechselbarkeit, wonach auch andere Mütter schöne Kinder haben. Für sie ist die Beziehung zwischen Philemon und Baucis als Qualität dauernder Liebe sprichwörtlich geworden: Das im hohen Alter stehende Paar bewirtet Gäste in fürstlicher Weise ohne zu wissen, dass es Götter sind. Zum Lohn wird ihnen die Erfüllung eines Wunsches angeboten. Sie überlegen nur kurz und kommen zum übereinstimmenden Entschluss, miteinander sterben zu wollen.

Eine solche enge Beziehung zwischen zwei Menschen im Alter hat natürlich auch einen tragischen Aspekt: Sehr oft fühlt sich der eine nach dem Tod des anderen so sehr vereinsamt, dass ihm das Leben unerträglich erscheint und er sich von der Welt abwendet. Parallel zu dieser Abwendung von der Welt findet im alten Menschen eine enorme Zuwendung zum eigenen Körper statt. Das kann zu einer klassischen hypochondrischen Haltung, das heißt zu einer ängstlichen, übertriebenen Beobachtung der körperlichen Funktionen führen, und auf der anderen Seite in Extremfällen auch bewirken, dass Essen und Stuhlgang eine ähnliche Bedeutung gewinnen, wie sie bei Säuglingen festzustellen ist.

In diesem Zusammenhang hat Erik Erikson vom psychoanalytischen Standpunkt aus darauf hingewiesen, dass Menschen, die in ihrem Leben keine Nachkommen gezeugt haben oder im übertragenen Sinn nicht auf Gezeugtes, also Geschaffenes zurückblicken können, in diesem Stadium dem Gefühl anheimfallen können, sie seien selbst ihr eigenes einziges Kind und dementsprechend ins Infantile zurückfallen. Erikson betont, dass es eine der Hauptaufgaben der menschlichen Entwicklung sei, von der „Genitalität" zur „Generativität" zu wachsen, also von der Fähigkeit, mit einem geliebten Partner orgiastische Potenz zu entwickeln, zur Bereitschaft, einen gemeinsamen Sprössling zu zeugen und aufzuziehen beziehungsweise ein Lebenswerk zum Abschluss zu bringen.

Das Alter hat demnach viele Gesichter. Eines davon hat mit

der Erkenntnis zu tun, dass das Warten aufs Leben kein Leben, sondern nur billige Vertröstung ist. Zukunft ist nicht nur das, was auf mich zukommt, sie ist auch das, worauf ich Tag für Tag zugehe. Den Satz „Ich mache Erfahrungen" verstehe ich so betrachtet nicht mehr nur passiv, weil mir bewusst wird, dass ich diese meine Erfahrungen in der mir gegebenen Zeit mitgestalten kann. Gleichzeitig weiß ich im Alter besser als je zuvor, dass die mir zur Verfügung stehende Zeit begrenzt ist, auch wenn sie mir dabei erweitert erscheint.

Das folgende Gedicht[37] von Franz Werfel spricht diesen sonderbaren Umstand an:

„Der Säugling schläft die Nächte durch und Tage,
ihm ist die Zeit wie Wiesengras nichts wert,
des Knaben Schlaf hält kürzer schon die Waage
dem wachen Sein, das ewig wiederkehrt,
der Mann, voll Wichtigtuns im Reich der Plage
mit Ungeduld acht Stunden Schlaf verzehrt,
der Greis zuletzt nach flücht'ger Ruhelage
erhebt sich sanft und sonderbar entschwert,
des Lebens kurzer Absturz wird unmerklich so gelindert,
Gott mehrt die Zeit, je mehr die Zeit sich mindert."

Was mache ich mit der Zeit, die ich auf diese Weise gewinne? Die Weisen des Altertums sagen: *Carpe diem*! Nutze den Tag! Und am Beginn des Films „Der Club der toten Dichter" (1989) heißt es in einem Gedicht:

„Pflückt Rosenknospen so lange es geht,
die Zeit sehr schnell euch enteilt,
dieselbe Blume, die heute noch steht,
ist morgen dem Tode geweiht."

Was bleibt?

In Schillers Gedicht „Resignation"[38] wird das Streitgespräch einer verstorbenen Seele mit der Ewigkeit skizziert. Darin fordert die Tote von der Ewigkeit eine Gegenleistung für die Entbehrungen, die sie zu Lebzeiten ertragen hat. Die Antwort ist ernüchternd: Wer für den Glauben auf weltlichen Genuss verzichtet habe, müsse auch in der Ewigkeit bei dieser Entscheidung bleiben:

„Du hast gehofft, dein Lohn ist abgetragen,
Dein Glaube war dein zugewognes Glück.
Du konntest deine Weisen fragen,
Was man von der Minute ausgeschlagen,
Gibt keine Ewigkeit zurück."

Die christliche Religion ist oft genug in diesem Sinn als „Vertröstungsreligion" missdeutet worden. Wer aber das Neue Testament aufmerksam liest, wird sein leidenschaftliches Plädoyer für die Ewigkeit im Hier und Jetzt und Heute nicht übersehen können. Dort heißt es etwa: „Jetzt ist die Zeit der Gnade" oder, wie Fridolin Stier übersetzt: „Da! Jetzt ist die Zeit, die hoch willkommene. Da! Jetzt ist der Tag der Rettung."[39] Dieses „Jetzt" ist die Stunde der Kunst, aber auch die Stunde der Liturgie. Was wäre der Kult ohne die Kunst und was wäre unsere Kultur ohne den Kult? Ohne dieses „Jetzt" gibt es kein erfülltes Leben, keinen Zauber, keine ermutigende Perspektive.
Alles, was das Innerste eines Menschen zu berühren vermag, rührt ans Ewige und verzaubert den Augenblick in ein erfülltes Jetzt. Dieses „Jetzt" macht auch vor dem unfassbaren Tod nicht halt, wie es ein Gedicht von Stefan Paul Andres zum Ausdruck bringt:[40]

„AN DEN TOD

Wenn du mich triffst, sprich leise,
Als wär ich dir bekannt;
Und von der langen Reise
Sag nichts, gib mir die Hand.

Ich weiß nicht, ob ich bange,
Zeigst du mir dein Gesicht;
Vielleicht kenn ich's schon lange.
Vielleicht auch kenn ich's nicht.

Du bist so schwer zu nennen,
O Tod, ich nenn dich Weib!
Damit ich im Erkennen
Still zu dir sage: bleib!

Vielleicht wird Liebe wehen
Um uns, bin ich bereit –
Dann zeug ich im Vergehen
Mit dir: Unsterblichkeit."

Anmerkungen

1 Groddeck, 1978, S. 19–20
2 Groddeck, 1978, S. 5
3 Groddeck, 1978, S. 18–19
4 Kruppa, 1984, S. 92
5 Walser, 1998, S. 129
6 Gerhard Schöne (*1952 in Coswig) ist einer der stillen, aber überaus erfolgreichen ostdeutschen Liedermacher. 21 neue Alben seit 1989 sprechen eine deutliche Sprache. Schöne wuchs als Sohn einer evangelischen Pfarrersfamilie im sächsischen Coswig auf. Das Lied „Ganz einfach" findet sich auf seiner bereits 1985 vorgestellten LP, die 1995 als CD aufgelegt wurde.
7 Saint-Exupéry, 1959, S. 51
8 der amerikanische Soziologe Sidney W. Mintz
9 Kaschnitz, 1979, S. 79
10 Mt 18,2 in der Übersetzung von Friedolin Stier: Stier, 1989, S. 47
11 Rilke, 1995, S. 147
12 Mt 20, 1–16
13 1 Kor 10,12
14 Joh 1,14
15 Grimm, 1984, S. 99
16 Grimm, 1984, S. 99–100
17 Kruppa, 1984, S. 154
18 Kruppa, 1984, S. 61
19 Schwab, 1997, S. 174–175
20 Schwab, 1997, S. 176
21 In der Tageszeitung *Der Standard* vom 29.05.2012, S. 21
22 Fromm, 1979
23 Fromm, 1979, S. 21
24 Sölle, 1968
25 Sendak, 1969, S. 11
26 Vgl. Hamann, 1998, S. 440–498
27 Dostojewski, 1994, S. 394–424
28 Dostojewski, 1994, S. 421
29 Reich-Ranicki, 1977, S. 219
30 Reiserer, 2009, S. 1, *Die Presse* vom 17.07.09 S. 1. Eine Erinnerung von Axel Reiserer

31 Elisabeth Lukas, 2009, S. 91
32 Ex 3, 7–10
33 Ex 7,14
34 Ringel, 1993, S. 26
35 Ringel, 1993, S. 28
36 Williams, 1987, S. 3, vgl. auch Spaemann, 1975, S. 7–8
37 Ringel, 1993, S. 190
38 Friedrich Schiller schreibt dieses Gedicht 1786.
39 2 Kor 6,2
40 Andres, 1950, S. 28, zitiert in: Condrau, 1991, S. 12

Literatur

Andres, S. (1950). *Der Granatapfel. Oden. Gedichte. Sonette.* München: Piper Verlag.

Condrau, G. (1991). *CERTA MORIENDI CONDICIO. Der Mensch und sein Tod.* Kreuz Verlag: Zürich.

Dostojewski, F. (1994). *Die Brüder Karamasow. Band I.* Berlin und Weimar: Aufbau Verlag.

Fromm, E. (1979). *Haben oder Sein.* München: Deutscher Taschenbuch Verlag.

Grimm, J. u. W. (1984). *Kinder- und Hausmärchen gesammelt durch die Brüder Grimm. 2. Band.* Frankfurt am Main: Insel Verlag.

Groddeck, G. (1978). *Das Buch vom Es. Psychoanalytische Briefe an eine Freundin.* München: Limes Verlag.

Hamann, B. (1998). *Elisabeth. Kaiserin wider Willen.* München: Piper Verlag.

Kaschnitz, M. L. (1979). *Seid nicht so sicher. Geschichten. Gedichte. Gedanklen.* Gütersloh: Gütersloher Verlagshaus Gerd Mohn.

Kruppa, H. (1984). *Gedichte gegen den Frust.* Frankfurt am Main: Fischer Taschenbuch.

Lukas, E. H. (2009). *Mensch sein heißt Sinn finden. Hundert Worte von Viktor Frankl* (4. Auflage Ausg.). (E. Lukas, Hrsg.) München: Verlag Neue Stadt.

Reich-Ranicki, M. (1977). *Frankfurter Anthologie. Gedichte und Interpretationen.* Frankfurt am Main: Insel Verlag.

Rilke, R. M. (1995). *Gedichte.* Frankfurt am Main: Insel Verlag.

Ringel, E. (1993). *Das Alter wagen.* Wien: Kremayr & Scheriau.

Saint-Exupéry, A. d. (1959). *Der Kleine Prinz.* Zürich: Arche.

Schwab, G. (1997). *Die schönsten Sagen des klassischen Altertums. Erster Teil: Die Sagen vor dem trojanischen Krieg.* Berlin: Goldmann Verlag.

Sendak, M. (1969). *Higgelti Piggelti Pop! Oder: Es muss im Leben mehr als alles geben.* Zürich: Diogenes.

Sölle, D. (1968). *Phantasie und Gehorsam.* Freiburg: Kreuz Verlag.

Spaemann, H. (1975). *Das Holzpferd oder Schritte zur Wirklichkeit.* München: Kösel.

Stier, F. (1989). *Das Neue Testament.* München – Düsseldorf: Kösel-Patmos.

Walser, M. (1998). *Ein springender Brunnen.* Frankfurt am Main: Suhrkamp Verlag.

Williams, M. (1987). *The Velveteen Rabbit.* New York: Platt & Munk.

Bildverzeichnis

Alle Bilder und Zeichnungen in diesem Buch stammen von Guido Katol (www.guidokatol.com).

Guido Katol

1962	in Villach geboren
1982	Beginn der künstlerischen Tätigkeit, Atelierbesuche bei Cornelius Kolig
1984	Studium bei Frau Prof. Maria Lassnig
1989	Hochschule für angewandte Kunst

Der Autor

Arnold Mettnitzer, geboren 1952 in Gmünd/Kärnten, Studium der Theologie in Wien und Rom (Dr. theol.), 1979–2001 Seelsorger in der Diözese Gurk-Klagenfurt. Seit 1991 Lehranalyse bei Erwin Ringel und Ausbildung zum Psychotherapeuten (Individualpsychologie) in Wien. Seit 1996 Psychotherapeut in freier Praxis in Wien, 2003 Verzicht auf den Dienst im Rahmen der kirchlichen Seelsorge und freier Mitarbeiter des ORF.

Zahlreiche Vorträge und Seminare zu Fragen von Lebensqualität und seelischer Gesundheit. Bei Styriabooks bereits erschienen: „Couch und Altar“ und „Der Klang der Seele“.